Chasseurs, Office National des Forêts et écolos :
le trio infernal

© L'Harmattan, 2009
5-7, rue de l'Ecole polytechnique, 75005 Paris

http://www.librairieharmattan.com
diffusion.harmattan@wanadoo.fr
harmattan1@wanadoo.fr

ISBN : 978-2-296-09593-9
EAN : 9782296095939

Jean-Pierre Despin
Marie-Claude Bartholy

Chasseurs, Office National des Forêts et écolos : le trio infernal

La faune sauvage mise à prix

L'Harmattan

INTRODUCTION

Ecrire un petit pamphlet contre le très officiel Office National des Forêts, s'intéresser à ses relations avec les chasseurs de grand gibier tout en parlant de congélateur peut sembler très étrange de la part d'amoureux comme nous de Montaigne et de Descartes, de Diderot et de Rousseau, de Queneau et de Sartre.

Un tel sujet n'est-il pas dérisoire au regard des grands problèmes d'aujourd'hui : la faim dans le monde, les guerres, le terrorisme ? Nous répondons par un oui franc à cette question.

On pourrait croire que nous sommes des militants écologistes ou anti-chasse, des défenseurs des droits des animaux ou encore des végétariens. Ce n'est pas le cas.

C'est un ensemble d'expériences que nous avons vécues depuis 1990, pendant les grandes vacances, qui nous a décidés à écrire, trop tardivement, ce livre dans lequel nous commençons par raconter tout simplement ce qui est arrivé aux photographes animaliers que nous sommes en juillet et en août. Non seulement ce n'est pas banal, ce n'est pas uniquement surprenant ou incompréhensible, mais c'est désespérant.

Plutôt optimistes par nature et surtout très curieux, nous avons cherché avec acharnement à comprendre les causes, au premier abord complètement opaques et dénuées de sens, de nos mésaventures et de nos échecs en multipliant, en vain, comme on le verra, les hypothèses les plus diverses. Alors que nous étions tout prêts d'abandonner, nous avons eu comme une révélation en examinant d'un peu près la nature de L'ONF ce qui nous a conduits à essayer de comprendre quels liens mystérieux reliaient étroitement cet organisme d'Etat à ces gens, étranges et exotiques pour nous, que sont les chasseurs. A vrai dire nous ne comprenions pas du tout, au début de notre enquête, ce que ceux qui ont comme travail de prendre soin des forêts, venaient faire dans la chasse. Puis nous avons appris que le rôle de l'ONF était de **gérer** la forêt, c'est-à-dire, ce qui ne nous serait jamais venu à l'esprit, la flore (les arbres) **et la faune** (le gibier). Qui dit gestion dit rentabilité et la rentabilité se doit d'être la plus grande possible. Que le commerce du bois doive être rentable, ça va de soi. Mais ce qui ne va pas de soi, c'est de dire que « **la chasse est une production comme une autre** ». C'est alors que nous avons découvert le dogme central de l'ONF : il y a trop de grand gibier, donc il faut en réguler les populations pour leur bien et pour le bien commun. Et c'est précisément le rôle de la chasse. Le chasseur devient alors l'auxiliaire indispensable de l'ONF. Qu'il soit nécessaire de chasser pour le bien des forêts, du public et du gibier lui-même, voilà qui demande des arguments massues. Mais le gestionnaire ou le technocrate n'est jamais à court d'arguties et n'est pas à une contradiction près.

Ainsi, par un biais imprévisible, nous nous retrouvions en pleine actualité: on pourrait résumer notre époque par *la maxime « Silence, on gère ! »* parce que rien ou presque n'échappe à une prétendue gestion technocratique devant laquelle c'est un devoir, non seulement de s'incliner mais qu'on doit en plus applaudir : on organise un référendum en Irlande sur la ratification du traité de Lisbonne et, lorsque les citoyens répondent « non », ils ont évidemment tort, ils sont trop bêtes ou mus par de mauvaises intentions.

Mais si ces arguments massues sont efficaces, c'est que les technocrates, à force de répétition ont réussi à les faire pénétrer dans toutes les cervelles. Ils font partie désormais de l'idéologie, de la pensée unique, du cinégétiquement correct qui semble bien avoir eu raison de l'esprit critique et du libre examen, qui rend tout le monde idiot en faisant admettre, par exemple, comme une évidence que les chasseurs sont les meilleurs des écologistes, que la France est à la pointe du progrès sur cette question et qu'elle doit donc servir de modèle à l'Europe.

Alors, que faire ?

Pas grand-chose tant sont prégnants l'idéologie, le conformisme et la pensée unique. Mais l'espoir fait vivre : cet essai est un cri d'alarme contre toutes les formes de technocratie ; peut-être sa dénonciation centrale, celle du mépris de la démocratie, sera-t-elle un jour entendue.

PREMIERE PARTIE

PARADISE LOST

Chapitre 1.

Pauvres de nous

Nous aimons la photographie et craignons la chaleur. Aussi, depuis deux décennies, passons-nous les vacances d'été en montagne. La varappe n'est pas trop de notre goût, d'où les Pyrénées. Même dans la montagne à vaches, nous n'aimons pas marcher sans but, tête baissée, histoire de se faire un sommet (dans les Pyrénées, tu parles...) : nous nous sommes donc astreints, entre autres, à découvrir les lacs.

C'était en août 1990 : dans le lieu dit Camporeils, qui fourmille de lacs, nous cheminions vers l'étang du Canard. Tout à coup, un bruit de feuilles froissées nous fait nous retourner. Et qu'apercevons-nous ? Trois isards en léger surplomb à vingt ou trente mètres. Vision fugitive qui allait décider de notre sort, pour le meilleur et pour le pire, dans les 15 ans qui devaient suivre.

Des isards sur un plateau

Les isards, pensions-nous à l'époque (et nous en pensions, des sottises !), ce n'était pas pour nous : ils se terraient ; tout au plus pouvait-on en voir à la dérobée, comme cette fois ; quant à les observer à loisir...

Pourtant, nous nous sommes renseignés : oui, il y avait bien des isards dans cet endroit, plutôt de l'autre côté... (C'est toujours pareil : aux innocents les mains pleines).

Nous sommes donc allés de l'autre côté. Hélas, quand on n'a pas la foi ni le savoir, on se plante : nous n'avions pas emporté le 300 mm, faute d'y croire, et nous avons vu 150 à 200 isards ! Et nous avons tenté de les courser avec un 70 mm ! En plus, c'était notre dernier jour.

Qu'à cela ne tienne : l'année suivante, nous revenons mieux équipés (d'un 500 mm et d'un doubleur pour le 300). Résultat très honorable : des centaines de photos dont une dizaine tirables en 30x40. Notre approche n'était pas si mauvaise (entre 30 et 50 m) ; mais elle présentait un défaut : nous surprenions ces bêtes sauvages, qui s'enfuyaient *illico*, en ne nous laissant le temps que de quelques photos, et nous les surprenions dans des endroits difficiles, notamment pour la lumière. Trop de contre-jour en cette année 91, mais cela fit au bout du compte de beaux pastels.

92 fut tout autre. Pour le comprendre, il faut savoir que le site que nous arpentions, comporte une sorte de plateau, qui monte en réalité, mais qui est découvert et où donc on peut apercevoir des isards de fort loin : 400 mètres. Nous avons décidé de les approcher là : la foi était venue et le savoir allait suivre. Notre record fut de 17 mètres (foi d'objectif russe). Et ce, pendant au moins une heure, ce qui change tout. Voir a ainsi deux sens ou plus : fugitivement, c'est tout au plus apercevoir ; à loisir, c'est contempler, mettre au point, choisir l'angle, voire la pose.

Hélas, le savoir ne vient pas d'un coup : nous nous étions dit qu'il ne manquait qu'une chose à ces chèvres de roche, ou du moins à ce que nous saisissions d'elles, le mouvement, et nous nous étions munis d'un caméscope. Bonne idée, ma foi, mais un peu courte : sachant pas mal de choses en photo, mais trop peu encore en isards, nous avions prévu pour assurer la stabilité de l'image une crosse. Jamais il ne nous serait venu à l'idée d'apporter un pied, incrédules que nous étions quant à une observation durable, comme quoi il faut quelquefois présumer de ses capacités. Résultat : près de 8 h de vidéo et beaucoup de bougé. Quant à la photo, un millier de clichés et même un isard en plan américain.

Qu'à cela ne tienne : en 93, nous revenons avec un pied et un nombre suffisant de cassettes (pour ne pas nous faire rançonner par le photographe local, comme la fois précédente). Dans notre euphorie, nous avions invité des amis à passer nous voir, fût-ce un jour, bien certains de leur faire voir, de près et longtemps, nos chères bestioles.

Il suffit de s'approcher...

Nous devons à la vérité un aveu : nous ne sommes pas devenus du jour au lendemain de quasi-pros grâce à un bon matériel sinon, il suffirait de dépenser une petite fortune à la FNAC pour avoir des isards plein cadre. Ici, nous devons beaucoup au hasard. Nos photos de 91 n'étaient pas fameuses mais nous étions très fiers d'avoir tout de même pu photographier des isards, ce qui restait assez rare, et nous n'avons pu résister à un accès de vanité : un très bon copain, Jacques, était de passage à Paris et il se trouve que ce garçon, très sympathique, essayait de devenir photographe professionnel spécialisé dans le portrait en noir et blanc. Il accorda un intérêt poli à nos productions qui n'étaient pas du tout sa tasse de thé. Nous reconnaissions sans fausse honte les défauts de nos clichés : les isards étaient trop petits, ils étaient un peu dans tous les sens, il n'y avait pas de sujet principal, etc. Jacques nous dit tout platement qu'ils étaient trop loin ce que nous savions très bien. Alors nous lui avons demandé avec une fausse candeur comment résoudre ce problème essentiel. Il répondit, un peu comme s'il s'adressait à des débiles profonds, mais avec toute sa gentillesse naturelle, teintée toutefois d'une pointe de condescendance, ce qui pour lui était une évidence : « Il suffit de s'approcher ». Ce « Il suffit... » déclencha bien sûr nos sarcasmes les plus ironiques. Quelle belle découverte, que c'était original ! « Et tu fais comment pour t'approcher ? Tu leur mets du sel sur la queue ? Dis un peu pour voir ! Etc., etc. ». Nous étions tellement ravis de cette réponse que nous l'avons depuis surnommé « Il suffit de s'approcher ! » Le plus fort c'est que, malgré nos moqueries, nous tenions notre parapluie.

C'est que nous avions essayé. Nous n'avions jamais voulu, comme on nous le conseillait, nous déguiser en G.I. mais nous évitions les couleurs trop voyantes, nous ne faisions pas de bruit, nous avancions contre le vent, à chaque repli de terrain nous ne laissions dépasser que le strict minimum, ne jetant qu'un unique œil pour voir s'ils étaient là. Si tel était le cas, c'était toujours le même *topo* : à l'instant même où nous les voyions, ils se carapataient à toute vitesse pour s'arrêter au bout de 150 mètres. Et tout était à recommencer. Complètement désespérant.

Le kaïron

Heureusement, la fortune vint à notre secours. Un matin, nous avions un peu changé d'itinéraire pour gagner du temps, encore loin de l'endroit où nous avions l'habitude de les apercevoir, alors que nous avancions assez lentement tout de même mais complètement à découvert, tout d'un coup, ils étaient là, environ une trentaine, occupés à bâfrer, le cul au soleil, à la même distance que les autres fois. Ils ne nous avaient pas vus. Notre coup de génie fut de ne rien faire. L'un à côté de l'autre, debout, bien sûr, plus immobiles que nous, tu meurs. Sans raison, l'un d'entre eux tourna la tête dans cette position tellement caractéristique de l'isard flemmard et tranquille qui regarde derrière lui en tordant complètement le cou et il nous fixa sans bouger. Nous n'osions plus respirer. Il resta dans cette position pendant plusieurs interminables minutes, aussi immobile et attentif que nous, puis, miracle, il recommença à brouter comme si de rien n'était. Nous n'avions pas le choix. Nous devions avancer de façon presque imperceptible, en faisant des pas minuscules, en restant toujours dans le même axe, en marchant bien dans notre ombre. Dès qu'un isard commençait à tourner la tête, immobilité totale. En une heure, nous avions fait cinquante mètres et les isards qui devaient avoir moins faim commencèrent à bouger un peu, à changer de position et surtout à nous regarder de plus en plus. Ils allaient à tous les coups se sauver ! Mais non, ils avaient encore une petite faim. Chaque fois qu'ils avaient tous la tête baissée ou étaient de dos, nous avancions d'un petit pas. Ce manège dura fort longtemps et pour la première fois, ils étaient à une distance décente. Heureusement que notre matériel était opérationnel. A la première photo, le bruit du déclencheur les fit sursauter, ils dressèrent les oreilles en les orientant vers nous. Silence. On ne savait plus trop qui observait qui. Au bout d'un temps infini, ils recommencèrent mollement à casser la croûte, certains petits s'amusèrent à se courser, plusieurs se couchèrent pour ruminer. Nous étions pétris de crampes et, parce qu'ils ne faisaient plus, ou presque plus, attention à nous, nous fîmes comme eux. Assis. Aussi surprenant que cela puisse paraître, ils s'étaient, semble-t-il, habitués à nous. Le spectacle devait être assez surprenant : une harde d'isard se livrait à ses occupations habituelles pendant que deux pèlerins assis en tailleur, chacun derrière son pied bien calé les filmaient et photographiaient en se fumant de temps en temps une petite cigarette bien méritée au demeurant, le tout sous un soleil de plomb et complètement à découvert.

Les meilleures choses ont une fin. Un premier isard commença à s'éloigner en direction de leur refuge ombré et peu à peu les autres le suivirent au pas lent des caravanes. Ils allaient faire la sieste au frais. Nous n'avions pas trop de regrets parce que nous étions au bord de l'insolation et surtout parce que nous allions être en panne de batteries et de films. Le dernier isard disparu, nous pouvions nous aussi regagner nos pénates, enfin bouger et répéter en riant : « Il suffit de s'approcher ! »

Il suffit sans doute de s'approcher, mais pas n'importe comment. Nous en avons appris des choses cette année bénie : le plus important, et peu importe la distance (sauf si les isards sont hors de portée à 400 mètres) est de ne pas les surprendre, de ne pas apparaître tout d'un coup de derrière un rocher, un arbre, au passage d'un col. C'est pour cette raison qu'il ne faut pas se cacher : celui qui se cache, s'il veut voir quelque chose (à moins que son idéal soit de rester des heures planqué derrière une barre rocheuse sans rien voir du tout) doit, à un moment ou à un autre se montrer, donc surprendre, donc faire fuir. Il faut repérer les isards de loin, se faire voir de loin pour qu'ils s'habituent, approcher de façon continue, surtout ne jamais disparaître derrière un arbre : il faut se fondre dans le paysage, faire partie du paysage. Combien de fois avons-nous fait fuir des isards tout simplement parce que nous ne les avions pas vus ; ce que nous avons appris va à l'encontre de bien des idées reçues : les isards se moquent éperdument des couleurs claires ou vives mais gare au pan de chemise qui flotte dans le vent, ils se moquent des odeurs : on peut fumer tant qu'on veut mais il est interdit de se servir d'un briquet électronique ; il n'est pas nécessaire de se ruiner pour acheter un appareil photo à déclenchement silencieux à condition, si on reste argentique, de sacrifier quelques photos prises de loin pour qu'ils s'habituent au bruit, une fois habitués, la rafale ne leur fait pas peur. On dit que les isards sont très craintifs, c'est souvent le cas, mais il y a aussi l'isard curieux qui fait un long détour pour tromper l'ennemi, qui veut voir de quoi il retourne, qui broute en gardant un œil sur ce qui l'intéresse, l'air de rien, et qui se débrouille si bien qu'on se retrouve l'avoir dans le dos à contre-jour, il y a aussi l'isard au caractère de cochon qui se met en colère, frappe du sabot (voire des deux) sur le rocher et émet une sorte de sifflement de colère pour faire peur à l'intrus, il y a le téméraire au sens d'Aristote, celui qui est tout fou et qui n'a conscience ni du danger ni de ses faibles forces : c'est ainsi que nous avons pu voir ce spectacle assez surréaliste, un isard qui frappait du sabot et sifflait pour intimider un cheval !

On nous accusera, bien sûr, de faire très fort dans l'anthropomorphisme qui pourtant n'est pas du tout, mais alors pas du tout notre tasse de thé. Mais le moyen de faire autrement ? Le plus cartésien de tous les biologistes, Jacques Monod lui-même (il a réussi à se faire exclure du PCF parce qu'il niait la dialectique de la nature trop finaliste à son goût), qui posait le postulat d'objectivité (l'absence de finalité) comme principe des sciences de la nature a bien expliqué que sa vocation de biologiste venait de cette question : comment un univers d'où sont absents aussi bien la finalité qu'un quelconque projet a-t-il pu donner naissance à des êtres aussi intensément téléonomiques ? Il remarquait fort justement que c'était s'interdire de comprendre quoi que ce soit à un système vivant que de ne pas faire comme si l'œil était fait pour voir et la main pour prendre. Bien entendu, il ne faut pas oublier le « comme si » qui ne change d'ailleurs pas fondamentalement le problème. Et, pour tout dire, si les isards nous fascinent tellement, c'est qu'il est difficile de ne voir en eux que des animaux machines.

93 : *l'année terrible*

En 93 donc, nous étions fin prêts.

Or, cette année-là, pas un isard à l'horizon de notre plateau : nous n'avons rapporté, en tout et pour tout, qu'un plan, fort beau au demeurant : la mère et l'enfant, pris dans la réserve d'Orlu, sur un rocher (tentant donc d'approcher du plateau ou en repartant, donc). Quelques secondes contre 8 heures : qu'on imagine notre déception. Nous nous sommes consolés, il est vrai, avec des marmottes, mais les isards avaient bel et bien disparu.

Que non, nous a-t-on dit d'abord. Malgré les preuves patentes de notre savoir-faire dûment montrées, on nous racontait que des isards, il y en avait, que nous ne savions pas les voir, qu'on en avait compté tant et tant, etc. Un fait demeurait pourtant : ils s'étaient évanouis *de notre plateau.*

Qu'à cela ne tienne : nous sommes allés les traquer plus loin, toujours plus loin, en en voyant de moins en moins.

Deux ans après l'année terrible, en 95 donc, la vérité officielle change, ce qui est fréquent chez la vérité officielle et n'arrive jamais avec la vérité tout court : des isards, il y en a moins, de moins en moins, presque plus. La faute en est à *la* maladie (la kérato-conjonctivite). Commode : toute maladie vient de Dieu, comme dit Rousseau, et la vérité officielle adore s'en prendre à Dieu.

Ce livre montrera que Dieu a bon dos. Mais, patience...

Des moutons et des hommes

Une journaliste a dit de nous que nous aimions comprendre : rien de plus vrai. Seulement, comprendre est difficile et on peut se fourvoyer. Comme on le verra, il n'est même pas sûr que, dans ce domaine, un homme averti en vaille deux.

Or donc, nous voici en quête d'hypothèses sur les causes de la disparition de nos isards. Nous partons du principe que, comme chez Platon ou Leibniz, Dieu est inattaquable ; et nous regardons. Or, que voyons-nous ? Notre beau plateau est envahi par des moutons. Lesdits moutons vont strictement n'importe où et leur berger d'occasion marche infatigablement à leur poursuite. On le voit même sur les crêtes hurler des ordres à ses chiens qui se démènent et souvent chassent les ouailles dans des endroits tout aussi lointains et peu hospitaliers, où le même cirque recommence. Les chiens étant vifs, le berger étant infatigable et marchant pire qu'une bête et ses moutons aussi, on a l'impression de voir la scène en accéléré : c'est une sorte de Buster Keaton en cinémascope.

Que conclure : le berger est manche ? Peut-être. Mais une question plus pertinente est sans doute « Quel est le con qui laisse ou fait monter berger et moutons là-haut, dans une réserve ? »

Nous nous renseignons : on nous dit qu'un certain C., qui dirige localement l'ONF, a loué le site à une éleveuse du Loir-et-Cher pour 1700 F. Vous avez bien lu : 1700 F (215 euros). Pas même de quoi payer l'essence du 4x4 pour 3 mois, et ce pour un site classé. Naturellement l'ONF raconte qu'il n'a loué que le bas (une infime partie) et qu'on va voir ce qu'on va voir : la bergère va entendre parler de lui. Naturellement aussi, c'est tout vu : comme la lutte des soixante-huitards, le cirque continue, mais dans les faits, pas en parole seulement comme chez les enragés en peau de lapin.

Et voici pourquoi on ne comprend jamais du premier coup : nous pensons tenir notre con et nous le jugeons bigrement tel. Erreur dans les deux cas : il n'est pas con du tout ; à preuve, il prend les autres pour des cons et il y réussit assez bien. Quant à la question du montant du loyer, l'ONF nous apparaît pour lors comme un fichu gagne-petit, à moins qu'il ne fasse partie de ceux qui s'enrichissent vraiment et pour qui il n'y a pas de petits profits. Ici nous sommes un peu sur le chemin de la vérité (c'est-à-dire que nous ne comprenons rien du tout).

Comme c'est curieux, comme c'est étrange et quelle coïncidence

Nous regardons, avons-nous dit ; nous écoutons aussi. Un beau jour, nous apprenons la nouvelle : *on tire des isards dans la réserve même ; ce genre de sport se pratique avec la bénédiction de l'ONF, mieux même avec son aide et donc sa complicité, puisqu'il s'agit de chasse guidée ou, les euphémismes ne manquant pas, de tirs sélectifs ou encore de tirs en licence guidée et qu'on voiture le guidé sur les lieux du crime, lui tenant ou diri-*

geant au besoin l'instrument ; et ce n'est pas gratuit (on nous parle de 40000 F)[1].

Nous sommes tellement abasourdis que, sur le moment, nous négligeons de poser la question pertinente : depuis quand ?

Nous finirons, bien sûr, par le savoir. Depuis l'arrivée de C. Et quand donc C. est-il arrivé ? En 92[2], pardi. De là à penser que l'année 93 a été si terrible pour les pauvres de nous que nous sommes à cause d'un pas con qui vendait le patrimoine naturel hors de prix et arrondissait la chose en louant pour une misère le patrimoine foncier, il n'y avait qu'un pas. Curieuse coïncidence tout de même.

Pourquoi n'avons-nous pas écrit ce livre en 94 ? Manque de preuves et d'idées pour en trouver ? Peur de représailles (cette année-là, on nous a dégonflé deux fois de suite les pneus de notre voiture, du côté du talus…) ? Qu'importe, nous ne l'avons pas fait et sans doute aurions-nous dû le faire.

Peut-être avons-nous été refroidis aussi par ce qui, nous disait-on, était arrivé à A., un habitant du village : celui-ci, qui avait des accointances au PS, avait sonné un éléphant, Paul Quilès, pour lui dénoncer les pratiques de C. ; l'huile avait transmis et A. s'était vu répondre par un sbire du ministère *ad hoc* (c'est-à-dire chargé de la protection et de la conservation du patrimoine naturel ou censé l'être) que C. faisait très bien son métier et qu'on était fort

---

1. Certains, qui exagèrent peut-être, donnent des prix supérieurs. Ainsi « *Ce ne sont plus les chasseurs simples des villages qui chassent l'isard car ils ne peuvent plus se payer la carte et les bagues ! Mais ce sont les riches étrangers espagnols ou français, notaires, avocats, industriels qui paient plus de 15 000 euros pour tirer une bête sans défense en compagnie d'un garde forestier qui le lui fournit sur un plateau* » (www.lacsdespyrenees.com/forum)

2. Et c'est en 1990 qu'on a commencé à généraliser les plans de chasse.

satisfait de lui. Et un déçu de plus de la majorité plurielle, un !

Aujourd'hui, nous savons le sens de cette douche et l'un des propos, et non des moindres, de ce livre est de le mettre à jour et de dissiper les pseudo-explications du phénomène par le piston ou autres. Tout tient, en réalité, dans un mot : gestion. Mais patience...

Des isards sur un plateau (2)

Après des quêtes incertaines et quelques bonnes fortunes sporadiques, nous voici en 96 : nous changeons d'endroit et nous dégottons un autre plateau, beaucoup plus petit, où viennent les isards. 92 recommence, en mieux pour la technologie.

Il y a aussi des moutons, mais, quand ils décampent, les isards les remplacent. Nous gagnons même un décor plus beau et, chose curieuse pour un endroit relativement exigu, plus varié. Il y a même de l'ombre.

Nous rencontrons là un berger, un vrai de vrai, qui n'a cure que ses moutons soient élevés en altitude et les laisse plus bas pour venir voir des « bêtes sauvages », comme nous, pour le plaisir, sur le « Pla ». Au passage, il nous livre une hypothèse intéressante sur les rapports entre isards et moutons : les premiers éviteraient les lieux fréquentés par les seconds, parce que ceux-ci « puent ». Pourquoi pas ?

De toute façon, la responsabilité du pacage dans la désertification de notre premier site était visiblement nulle par rapport à celle du *ramdam* qu'il occasionnait. La suite illustrera ce point de manière éclatante.

Or donc tout allait bien de nouveau, jusqu'à ce que... ça recommence.

Des moutons et des hommes (2)

Nous voici au début de ce millénaire.

Des isards toujours et des moutons encore. Mais les choses changent pourtant : ce n'est plus le même éleveur, mais qu'importe ? Ce qui fait à l'affaire en revanche, c'est qu'un personnage nouveau apparaît : le patou.

— Qu'es-aco, le patou ?

— Ben, le chien des Pyrénées.

— Et alors ? C'est un gentil toutou.

— Oui, mais...

— Oui, mais quoi ?

— Normalement, le patou, il est gentil ; mais, anormalement, il n'est pas gentil du tout. De toute façon, vous ne posez pas la bonne question.

— Et quelle est la bonne question ?

— « Qu'est-ce que le patou vient faire là-dedans ? »

— Mais enfin le chien des Pyrénées, dans les Pyrénées...

— Oui, c'est ce qu'on se dit quand on ne réfléchit pas, par associations d'idées : Pyrénées, chien, chien des Pyrénées. Mais, si on y pense un peu et si on veut bien s'arrêter à l'allure de ce bon gros toutou, que tout le monde a en tête, si on prend garde que jusqu'à une date très récente, il ne serait venu à l'idée de personne de faire garder des moutons à ce balourd, plus fait pour être chien d'aveugle que pour autre chose, on voit alors que ça cloche. Pour les moutons, tout le monde emploie ces diaboliques clebs noir et blanc[3], tout petits, rapides et de qui les bergers habiles (pas l'agité nous avons évoqué plus haut) sont capables d'obtenir des miracles. La question reste donc : « Qu'est-ce que le patou vient faire là-dedans ? »

— Et que vient-il y faire ?

— Ben, protéger les moutons contre l'ours, voyons.

— Comment cela ? Vous avez dit (pardon, j'ai dit moi-même) que c'était un bon toutou. Même si ce n'est qu'une apparence, comme eût dit Pascal, pour montrer sa force et dissuader l'ennemi, l'apparence et les « trognes armées » suffisent. Or on voit mal même un ourson avoir peur d'un chienchien aussi manifestement paisible.

— Ça, vous avez mill' fois raison ; mais vous avez tort aussi. Jamais aucun ours ne se laissera intimider par aucun patou. Nous nous sommes amusés à le faire détaler rien qu'en lui courant sus. Un jour même qu'il aboyait après des vaches qui ne lui avaient rien fait et celles-ci s'étant mises à 5 ou 6 de front pour le charger, voilà-t-il pas que notre patou s'esbigne plus vite que jamais pour se réfugier courageusement… au milieu des moutons, dont il était censé assurer la protection. Voilà qui vous donne raison. Mais aussi bien, quand nous disions que la mission du patou était de protéger les moutons, il y avait là quelque ironie et nous parlions en réalité de sa mission officielle. D'ailleurs, afin que nul n'en ignore, un panneau bien propret en bois verni de neuf, sponsorisé entre autres par *Life*, faisait dire au patou quelque chose comme ceci : je suis un bon toutou ; on m'appelle le patou ; je garde les moutons contre le méchant ours, etc.

---

3. Des border coolies

— Je n'y comprends rien : certes, tout ce bla-bla est du pipeau ou du pipo ; mais pourquoi avoir monté ce bateau ? À quoi ou à qui cela sert-il ?

— Excellente question, surtout pour « à qui ? ». Vous avez de la chance : il se trouve que nous pouvons y répondre, grâce au *Monde* et au Canada.

— Hein ?

— C'est tout simple quand on sait. Mais avant d'en venir au pot aux roses, quelques précisions. Voici ce que nous voyions à peu près à chacune de nos sorties : nous étions sur notre plateau à observer et filmer nos chers isards ou à les attendre, quand, tout à coup, tagada, tagada, voilà les moutons et surtout le satané patou qui se met à aboyer après gens et bêtes. Nous l'avons vu même courser les isards jusque dans l'une de leurs retraites : un patou ne saurait effrayer un ours, mais un isard, surtout avec ses petits, c'est autre chose, ne serait-ce que pour une question de taille. Ici, c'est l'occasion de nous écrier, comme de Gaulle : « Je crois que quelqu'un m'a posé une question tout à l'heure ». La question est ou aurait dû être : « Le patou aboie contre les isards et les fait fuir ; contre les vaches, assurément, et contre l'ours, vraisemblablement, il ne fait qu'aboyer, avec toutes chances, sans les petits clebs teigneux, d'être écrabouillé par les vaches ou, faute de leur concours dans ce cas, d'être bouffé par l'ours. Jusque-là, je saisis ; mais, bon Dieu de bois, pourquoi le patou aboie-t-il, lui qui est un bon toutou, qu'on le laisserait même manger dans sa main et même qu'on le caresserait sans la moindre crainte de se faire mordre ? ». Voilà une question bien formulée et je vous remercie de me l'avoir posée. Avant de voir ce que le Canada et *Le Monde* viennent faire dans cette galère et à propos de bouffe et de caresses, justement, une autre observation : sur le patou, ses maîtres comme bien des gens du village nous ressassaient la même antienne, comme quoi il ne fallait pas lui donner à manger (il devait se débrouiller tout seul comme un grand dans la montagne) ni le caresser. La rengaine était usante, mais une conclusion s'imposait : on avait persuadé ces niais (lesquels avaient eu des raisons sonnantes et trébuchantes de se laisser persuader et n'étaient donc pas si niais que ça) de rendre le patou à sa sauvagerie première : pas de croquettes, pas de maître sévère et affectueux, c'est infaillible. Restait une question : pourquoi ? C'est ici que Canada, qui nous réserve mainte autre bien bonne, fait son entrée triomphale et fracassante dans notre ouvrage. En vacances, nous achetons rarement *Le Monde*, car la minceur de son contenu y est encore accrue. Mais nous le faisons à l'occasion. Le hasard (Dieu, peut-être, afin de pourfendre le ménage à trois de la publicité rédactionnelle, de la fausse science et de la technocratie) nous fit tomber sur un monument, où la vedette était donnée... au patou. On l'aura deviné : le vespéral quotidien reprenait avec emphase la villageoise scie (ni croquettes ni caresses) ; et l'article recopiait, à moins qu'il ne s'agît d'une interview rebadigeonnée, la substance d'un mémoire d'un obscur... Canadien (pardon, Québéquois »). Le propos en était le suivant : l'ours est un danger pour les moutons. Or, par hasard, ou grâce à Dieu (toujours lui), il y a, dans les Pyrénées, un brave toutou, qu'on peut et qu'on doit élever à la dure, grâce à quoi vos brebis seront bien gardées. Le technocrate qui passait par là, naïf autant qu'intéressé, sauta sur l'occasion : on paierait le clebs à l'éleveur, qui cesserait de casser les pieds avec ses ouailles dévorées par l'ours (quel vorace, celui-là, et sur quelle étendue) ; en plus, ledit éleveur n'aurait rien à débourser pour nourrir le précieux gardien et serait donc content. Quant au journaliste, qui ne serait jamais allé déterrer un mémoire canadien sans l'intervention du technocrate, il avait de quoi se mettre sous la plume et était content aussi. La joie, quoi !

Il n'y a pas apparence que les plaintes contre l'ours et avec elles les demandes et obtentions d'indemnités aient diminué, mais on s'en voudrait de ternir une telle euphorie.

— Fausse science, fausse science... Comme vous y allez !

— Tant pis pour vous : vous aurez droit à un petit cours d'épistémologie *express*. Ce qui caractérise la fausse science, c'est que ça marche trop bien : un certain Cyril Burt, qui voulait à tout prix établir l'hérédité biologique des dons chez de vrais jumeaux élevés dans des milieux différents, avait bidonné les résultats de ses tests et se fit pincer à cause de leur précision impossible mathématiquement. Ici, c'est pareil : quelle Providence pourrait faire que le chien du cru soit toujours celui qui convient le mieux pour se prémunir de l'ours dans toutes les régions de tous les pays francophones (en attendant que le modèle obtienne, pourquoi pas ?, les droits d'exportation ou soit seulement sacralisé par une directive européenne : technocrates de tous les pays, unissez-vous !) ?

— Le folliculaire y trouve son compte, soit ; le monographe itou, soit. Mais le technocrate, lui, quel besoin a-t-il de subventionner le patou ? Ne sait-il pas que l'ours a bon dos et qu'il devra, ours ou pas ours, indemniser de toutes façons, comme si de patou n'était ?

— Bonne question. Trop bonne, même, car c'est tout le livre qui y répondra. Disons seulement ceci : personne n'a jamais dit que le technocrate gérait bien (fût-ce d'un point de vue strictement économique) ; il prétend bien le faire, ce qui est très différent. Et c'est lui qui évalue sa gestion. Enfin, il a réformé avec le patou ; quand il en aura assez, il réformera le patou. On dit souvent qu'il est payé à ne rien faire. Erreur : faire et défaire, c'est toujours travailler.

Je suis patou

Quelques mots encore sur la sale bête (ou devenue telle que Dieu ne l'avait pas faite pour cause de Canada et de bureaucratie). Son cirque durera de 2002 à 2005 avec des variations qu'il est utile de noter pour la compréhension de la suite.

Une constante d'abord : son omniprésence laissant penser à une impossible ubiquité. D'ailleurs le patou était deux. Et que dire de son infatigabilité ! Le bougre cavalait et faisait cavaler les moutons bien plus vite encore que le frénétique berger évoqué plus haut. Voir des moutons courir, ça va une fois rien que pour la nouveauté du spectacle. Mais au-delà, ça lasse.

Passons aux variations, qui tiennent aux bergers successifs (ou à leur absence) et au vieillissement du patou.

Avec les années, notre clebs s'est (un peu) assagi. Au début, c'est con comme un jeune chien ; après, ça va mieux. À maints indices, nous sommes en droit de penser que cette résipiscence avait une autre cause : un sérieux amendement apporté à la norme canadienne. Des bruits de croquettes se sont mis à circuler. Et puis, il y a eu cette sombre histoire de cycliste : un beau jour, l'éleveuse du Loir-et-Cher révolvérisa son cher gardien de troupeau, qui avait mordu donc... un cycliste. Qui ne veut pas tuer son chien (donné *gratis* rappelons-le) lui donne des croquettes. Fido civilise ou du moins domestique. Et il y a chance, sur la foi de cette exécution sommaire, que notre patou ait été relaps, du point de vue alimentaire s'entend : ayant quitté, malgré lui, la religion domestique pour la sauvage, il était revenu, visiblement, malgré lui encore, à la domestique au grand dam de l'ayatollah québéquois.

Voilà qui aurait dû améliorer notre sort et qui l'a un peu adouci, du moins au début de la baisse d'énergie du patou. En 2002 en effet apparaît un berger sympa. La première fois que nous l'avons vu et rencontré, c'était la Bérézina : bon marcheur, il arrive longtemps après patou et moutons, qui, comme d'habitude, traçaient d'importance, s'égaillant partout sur le « Pla » ; il nous demande s'il a le droit d'aller par là (il nous désigne, ce disant, l'endroit, tout proche de leur retraite, où, faute de ne plus en voir aucun sur le plateau pour cause de patou, nous nous étions résignés à observer nos isards, que nous attirions avec du sel) ; naturellement, nous lui disons que non, sans savoir que nous avons raison (nous apprendrons plus tard, et on verra bientôt toute l'importance de ce détail, que l'endroit en question est en Ariège et non dans les P.-O.) et sans mentir tout à fait, car danger il y avait pour de simples moutons; cette question, il nous la pose, nous dit-il, parce qu'il est d' « en bas », qu'il ne connaît pas le coin et qu'on ne lui a rien dit du territoire à parcourir ; et de nous confier qu'il en a classe du patou, qui le fait courir aux quatre coins de la montagne et qui, en plus bouffe des brebis. C'est ce jour-là qu'eut lieu l'épisode des vaches, dont il se tira fort bien, commandant les vrais chiens de berger avec *maestria*. Exilés nous étions donc, mais un peu plus tranquilles. Sous le pontificat de ce pasteur-là, nous ne revîmes plus le patou poursuivant les isards dans leur retraite. Déjà ça.

Il en alla différemment avec ses successeurs. Nous eûmes droit au glandeur, d'abord. Nous voyions les moutons s'activer derrière le patou et point de berger pour fermer la course, à tel point que nous aurions pu croire à son inexistence si on ne nous avait assuré du contraire et surtout si nous ne l'avions surpris un jour prenant un bain de soleil à 7 ou 800 mètres du troupeau. On devine que c'était l'anarchie.

Après lui, ce fut *Mon nom est Personne*. Eh oui, incroyable mais vrai : des moutons sans pastou, mais pas sans patou. Au début, nous n'y croyions pas. Comme les Guignols de l'info le font si gentiment dire à l'abbé Pierre : « C'est pas po-, c'est pas po-, c'est pas possib', ça ! ». Mais si. Le berger, c'était désormais le patou, qui, animal machine, faisait monter et descendre, descendre et monter les bestiaux, avec une régularité de métronome, toujours à toute pompe et sans se priver d'incursions dans les zones à risques, refuge des isards. Un jour même, notre poste et ses alentours furent envahis par le troupeau au complet des moutons, qui, dans la pente abrupte, étaient transformés en dahus. Excédés par ce *Barnum*, nous en étions à souhaiter qu'un ou deux se cassât la gueule : faute d'isards, nous aurions, au moins, pu voir des vautours.

Ce qui est imprévu était-il imprévisible ?

Les journalistes qui commentent chaque année les sujets de bac furent très friands de celui-ci, sans doute à cause de sa formulation biscornue et pour le moins déroutante. On le sait, plus un sujet est abscons et sans rapport avec le programme et avec les connaissances supposées des élèves plus il leur semble original. En fait, ils le trouvent marrant parce qu'ils ne savent pas du tout ce qu'ils auraient pu dire. Ils partagent ici le sadisme du poseur de sujet qui avoue sans honte qu'il a posé un sujet impossible « pour voir ce que les candidats allaient en faire ».

L'événement de 2006 était non seulement imprévu mais aussi imprévisible pour tout esprit sain tout simplement parce qu'il semblait impossible. Point. Fin de la copie.

Chapitre 2.

L'impensable sacrilège

Comme c'est curieux, comme c'est étrange et quelle coïncidence (2)

Nous voici en 2006 : plus de moutons, plus de patou et... plus d'isards non plus ou si peu. Notre butin de vidéastes en 3 ans s'était réduit d'une demi-heure utile à 4 minutes. Encore depuis deux ans avions-nous deux caméras.

Y avait un truc. Et en 2006, on ne pouvait plus accuser le patou et la bergerie automatique. Alors quoi ? Le quenéen rude hiver ? Les isards en avaient connu d'autres. La maladie, Dieu, quoi ? On parlait d'une sorte de peste, mais très loin de notre plateau, et les isards que nous avons tout de même vus et filmés étaient tout au plus un peu maigres, mais sains.

Deux observations n'ont fait qu'ajouter à notre perplexité.

Les isards ne venaient plus sur le plateau ; ils s'en approchaient parfois et repartaient aussitôt sans détaler. Mais surtout ils restaient, le plus souvent, cantonnés dans leur retraite, inaccessible, et de plus en plus loin.

Nous en étions là, quand tomba la nouvelle : ***l'ONF allait organiser cette année des chasses guidées dans ladite retraite inaccessible***.

Pour bien comprendre la suite, une précision s'impose : l'aire où était prévue la ci-nommée chasse guidée est une sorte de vallée relativement étroite avec un versant nord assez dégagé et un versant sud plus accidenté fait d'arêtes rocheuses et de pierriers sans compter une partie toute en forêt fort dense. Dans son extrême bonté, l'ONF réservait au nabab client le versant le plus difficile, celui aussi où on voyait des isards : faudrait quand même pas que ce soit trop la vache dans un couloir ; la chasse, même guidée, c'est dur et ce doit être dur.

Seulement voilà : il y avait encore quelque chose qui clochait. Si on a bien suivi, on se souvient que nous avons écrit « où on voyait ». De fait, l'imparfait s'imposait, car en 2006, nous en avons observé surtout de l'autre côté, où précisément nous n'en avions jamais vu jusque là.

Occasion de pousser une nouvelle fois le grandguignolesque « C'est pas po-, c'est pas po-, c'est pas possib', ça ! » : tout se passait comme si les isards avaient anticipé les intentions hégémono-cynégétiques des sylvicurateurs. Pas possible, à moins que le conditionnel immédiat « allait organiser » ne fût erroné et dût être remplacé par un vulgaire plus-que-parfait : « avait organisé ».

L'hypothèse, à défaut de preuve formelle, devait vite bénéficier d'une solide présomption : le fichier Sudo.pdf accessible sur Internet (et signé ONF) fait, comme on le verra, mention de la chasse en question sans du tout dire que c'est une nouveauté. Il peut s'agir d'une mise à jour, mais alors quelle célérité. De toute façon, la chose n'a pu qu'être préparée et toute préparation prend du temps.

Et bien préparée, foi d'ONF. Dans la 3ème semaine d'août, nous voyons venir à notre poste même, d'où on voit la vallée désormais chassable, deux gugusses à l'allure et au comportement singuliers.

Normalement, ceux qui viennent là, s'arrêtent un instant, pontifient géographiquement et faunistiquement pour l'un ou écoutent le prêche religieusement pour l'autre ou les autres, puis reprennent leur route ascensionnelle pour aller se montrer un peu plus haut, sur une crête, où se réitèrent le sermon et l'écoute dévote, sans que nous ayons cette fois à les supporter. Naturellement ces hommes machines sont vêtus en touristes ou avec les hardes du cru.

Ici, rien ou presque de tel. En fait le tout début est similaire, mais après tout est anormal : il y a un jeune et un vieux ; tous deux viennent regarder puis se séparent et regardent chacun de leur côté. L'examen du jeune dure longtemps, le vieux s'étant mis à l'ombre, visiblement fatigué, non sans nous avoir demandé en *a parte*, avec une insistance anxieuse et un accent d'Albi ou de Carcassonne à couper au couteau et inintelligible, s'il y a des isards. Comme nous lui répondons qu'il n'y en a plus, ce qui était la stricte vérité, il nous lance : « Y sont morts alors ? ». Nous lui disons que ce sont des choses qui arrivent dans ces parages. Sur quoi, satisfait ou non, il va s'asseoir, rejoint donc, longtemps après, par le jeune, qui avait fini sa partie de jumelles et qui s'assied à 2 mètres de lui, lui tournant le dos et déballant son casse-croûte de onze heures pour le déguster en Suisse, après avoir tenté vainement de joindre quelqu'un sur son portable.

Après bien des minutes de silence des deux côtés, les deux compères repartent *par où ils étaient venus*.

La vêture en disait plus long que cet étrange manège : le vieux était en kaki en bas et en Décathlon en haut ; le jeune en kaki du haut jusqu'en bas, avec, s'il vous plaît, des guêtres introuvables chez Décathlon. Celui qui était touriste et celui qui ne l'était pas. Mais voici le bouquet : si distincts par ailleurs et si typés qu'ils fussent, ils avaient pourtant le même sac à dos et le même bâton, ni l'un ni l'autre ne venant non plus de chez Décathlon.

En ce jour, n'ayant rien vu qui vaille, nous eûmes, pour nous consoler, une certitude et un espoir.

Les deux n'avaient rien vu ; nous, quelque chose : voilà pour la certitude ; quant à l'espoir, il est que l'hypothèse d'Hercule Poirot soit la bonne. La voici :

Le jeune est le garde, le guide, ou plutôt le vendeur ; le vieux est le futur guidé, *alias* le client, la cible, *may be* le gogo, apparemment un plouc, gagnant du loto, parvenu ou héritier, qu'importe. Le vendeur l'amène pour lui montrer les lieux ; le nul n'ayant ni sac à dos ni bâton, il lui fournit l'un et l'autre, signés ONF. Mais ils ne voient rien. Le marchand s'isole pour mater à loisir, puis, ne voyant toujours rien et ayant entendu le schpountz, peut-être plus madré qu'il n'y paraissait, prendre ses renseignements ailleurs et en obtenir de très fâcheux pour la maison, renonce, tente de prévenir le chef de la catastrophe et, finalement, se dit qu'il ne faut pas se laisser dépérir, que ce n'est pas à l'ONF de fournir la bouffe ni à son *factotum* de la porter et que, merde, on se rentre. Dieu, faites que nous ayons fait rater une vente !

C'est alors que Google rentra dans la danse

Tu parles d'une consolation !

Cette fois nous n'avions plus rien. Et puis nous aimons comprendre. On ne se refait pas. Or du côté du comprendre, ça n'allait pas fort non plus. L'ONF vendait de l'isard, mais aussi du cerf, du chevreuil, cher au kilo, certes, mais sans nécessité apparente, et livrait en pâture le domaine public, tout cela dans la plus totale impunité, avec même la bénédiction et l'onction des ministères de tutelle, qui visiblement n'en exerçaient aucune.

Était-il pensable qu'on pût flinguer ces pauvres bêtes en des jours où fleurit l'écologie sonore, au pays de Brigitte Bardot, chez un peuple où le jeu électronique n'a pas encore détrôné le nounours ?

Que faire ?

D'abord réfléchir : quand une écologiste patentée, promue ministresse par la grâce de la cuisine électorale, refuse d'écourter ses vacances lors d'une marée noire, il y a de quoi ; quand la même autorise la chasse la nuit, de quoi aussi. La première conclusion de cette réflexion s'appelle cul et chemise (ou rhubarbe et séné). Oui, A. a eu tort de dénoncer son petit camarade à ceux qui le couvraient d'avance.

Pour s'attaquer au fléau, il fallait comprendre et, pour comprendre, poser les bonnes questions.

La première est celle-ci : qu'est-ce que l'ONF vient faire dans ce bazar ? Il est des forêts et non de la chasse. Le plus fort est qu'il y en a un, d'Office, qui est de la chasse (l'ONCFS) et qui ne s'en occupe guère, se contentant, comme on le verra, d'être le second couteau et le renfort idéologique de celui qui ne l'est pas, de la chasse.

Ensuite, il y a lieu de se demander comment l'usurpateur a pu usurper et dilapider le bien public au nom du bien public : par quel tour de passe-passe idéologique réussit-il à faire croire qu'il organise le massacre de la faune à des fins mercantiles pour le bien de tous, y compris donc de la faune elle-même ?

Enfin, la question à cent balles : est-ce que ça rapporte, au moins, et à qui ? À qui est toujours une bonne question.

Reste à trouver le truc pour tout savoir sur l'hydre.

Réfléchir, réfléchir encore et se dire *ex abrupto* : faut quand même être con. Quand on a écrit *Le poisson rouge dans le Perrier* et fait témoigner les pédagos contre eux-mêmes, comme Pascal l'avait fait pour les Jésuites, il faut en tenir une sacrée couche pour avoir mis douze ou treize ans à voir l'analogie : les charlots de la non-directivité se pavanent et racontent à plaisir leurs turpitudes ; les Jésuites sont ou étaient très fiers de leur casuistique et l'exhibaient avec ostentation ; comment en serait-il autrement de notre Tartuffe ? La clé était dans le mot du poète, comme toujours : « il s'en flatte, mazette ».

Un homme normal, ni saint ni diable, craint les reproches de sa concierge avant tout, mais aussi un peu ceux de sa conscience et il a tendance à dissimuler ce qui, dans sa conduite, est, comme le dit si bien l'expression, inavouable ; un monstre n'avoue pas non plus ses méfaits, il les proclame haut et fort et les déclare d'utilité publique.

Pari lancé : restait à vérifier.

Réfléchir, réfléchir encore : où la fatuité et la vantardise, la tartufferie communicationnelle peuvent-elles le mieux réaliser leurs visées ostentatoires ? Sur Internet, pardine.

Aussitôt dit, aussitôt fait : nous voilà chez celui qui, au village, vend du bio et de l'Internet (ça ne s'invente pas !). En une heure-et-demie, pour huit euros, nous amassons des centaines de pages de propagande, tout ou presque (nous continuerons après, chez nous) sur le *big business* ONFique : ça tirait (pardon, ça prélevait) à tout va et, notre narcissisme dût-il en souffrir, non seulement de l'isard, mais, du cerf, du chevreuil, du mouflon et même du canard, non seulement dans les Pyrénées, mais partout ailleurs, jusque dans notre Cap Ferret, non seulement dans les réserves de chasse, mais dans les réserves nationales (au moins dans une, celle de la Petite Pierre, sous le couvert d'une… école de chasse), non seulement à la carabine à lunette, mais à l'arc, non seulement à des prix pharamineux, mais pour tous les budgets ou presque, toujours avec un guide, un véhicule ONF, pas toujours avec un résultat garanti, les tarifs étant tantôt clairement affichés tantôt à demander à « votre contact ».

Bref, une industrie dans le genre Club Med et zigouille ou FRAM boum-boum-badaboum. En prime le baratin :

on fait ça non pas pour le fric, mais pour assurer les grands équilibres éconigologiques et, y songez-vous ?, c'est une forme de tourisme, culturel même (le matin, tu te fais ton cerf et, l'après-midi, tu visites pieusement la cathédrale de Strasbourg, avant d'aller chercher ton putain de trophée, pour, avec une rallonge, remettre ça le lendemain après une nuit réparatrice dans ton ****).

Merci Google, comme quoi les monopoles ont parfois du bon.

Et le congélateur ?

Ah ! Oui ! Pardon ! Qu'est-ce que le congélateur vient faire là-dedans ?

Un congélateur, ce n'est pas très cher, encore qu'avec toute cette électronique superfétatoire... Mais enfin, c'est comme un meuble signé Lévitan, c'est garanti pour longtemps. C'est donc la consolation du pauvre ou du pas très riche, qui y remisent leur barbaque : le nabab, lui, ne veut que le fichu trophée et l'émotion quasi-libidinale (ou – dineuse) du tir ; il abandonne, en grand seigneur, la viandasse à l'ONF et à ses pauvres. Au contraire, le pas pézeux ne crache pas dessus et s'en met au frais pour les jours sans : faut rien laisser perdre. L'ONF n'a pas, en principe, grand souci du ramasse-miettes, mais, dans les faits et en bonne politique, si : approvisionner son congélateur lui permet de l'avoir avec lui et de s'en faire un soutien, ce que certains appelleraient une base de masse. Molière avait remarqué que ce qui faisait toute la force de la fausse dévotion, c'est d'avoir l'appui de la vraie ; dans le cas qui nous occupe, la chasse du pauvre fait vivre celle du riche, sans compter qu'il vaut toujours mieux solder que de ne pas vendre. Nous ne cacherons pas qu'un de nos objectifs majeurs est de casser cette pitoyable et hypocrite alliance, sans grand espoir, mais enfin, belle Philis, on désespère alors qu'on espère toujours.

Alors, prêts pour la visite guidée ?

Chapitre 3.

Suivez le guide

L'ONF est moderne et n'ignore pas que le secret du commerce réside dans la publicité et dans la communication, d'où la richesse inouïe de Google lorsqu'on tape « ONF chasse guidée ». Car l'ONF ne se cache pas, au contraire. **« La gestion cynégétique fait partie intégrante de la gestion forestière »**. Telle est la première phrase de la partie du site consacrée à « L'ONF et la chasse ». Après avoir rappelé que l'encadrement de la chasse se fait le plus souvent sous la forme d'un bail de chasse, l'ONF ajoute « parfois (!) l'ONF gère directement la chasse sur certains territoires domaniaux sous forme de **licences dirigées** ou **guidées** ». Et, publicité oblige, « *Des guides de chasse forestiers vous proposent des chasses de qualité pour vous faire partager une passion et un savoir-faire dans le respect de l'art cynégétique, à travers une découverte de l'équilibre des milieux naturels* »[4]. Suit une liste des lots de chasse en licence dirigée par région et la France entière y passe.

Toute cette histoire de licence dirigée peut sembler obscure. Elle l'est même pour des chasseurs. Nous avons trouvé sur un forum de discussions[5] cette question « C'est quoi des « licences dirigées » de l'ONF ? » et la réponse : « La licence privée ONF c'est très simple c'est un territoire où l'ONF se réserve le droit de chasse et fait payer des « invités » pour prélever les animaux au plan de chasse. Il y a de nombreux détracteurs de ce type de

---

4. www.onf.fr/foret/dossier/chasse
5. www.grand-gibier.net/forum

chasse car les tarifs ne sont pas donnés mais pour des chasseurs de l'Est comme moi c'est la façon la plus simple de chasser en montagne : ce qui est souvent le rêve de tout vrai chasseur ; et puis, mis à part le journée de guide, si on privilégie la chasse plutôt que le trophée, il y a toujours moyen de chasser pour pas trop cher car le prix des jeunes mouflons et femelles sont abordables. Les catalogues de l'ONF sont facilement disponibles ». Comme quoi c'est bien une histoire de gros sous, de part et d'autre, et c'est bien « à chacun selon ses moyens ».

Il y a même un *bonus* : l'ONF propose aussi des formules de stages à l'Ecole de chasse de la Petite Pierre et dans la forêt des Bauges.

L'unité dans la diversité ou « tous les goûts sont dans la nature »

Le nombre de ces chasses guidées est impressionnant. Rien que pour le sud ouest, on en compte 33 dont 12 dans l'Ariège et même une au Cap Ferret !

Chacune a droit à une fiche publicitaire luxueuse, illustrée de jolies photos en couleur. Elles suivent toutes le même plan, avec des variantes par département. Pour l'Ariège, d'abord « Le territoire » qui décrit et situe le lieu et « Ses atouts pour la chasse » avec des précisions locales : ainsi, dans la forêt domaniale de Montcalm près de Tarascon sur Ariège, « *les prélèvements sont autorisés dans toutes les classes d'âge* » (pour les débutants incapables de reconnaître un jeune et un vieux) ,« *Chasse tous les jours de la semaine, de mi-septembre à mi-décembre* » et l'équipe d'accompagnateurs saura vous concocter un séjour « à la carte » ; dans la forêt domaniale des Hares à côté de Quérigut « *ce territoire (…) s'adresse aussi aux archers* ». Chaque fiche précise comment se déroule la journée de chasse, quelles sont les dates de la chasse, s'il y a ou non des jours sans et ce qui se passe en cas d'échec (puisqu'on paie d'avance), les conditions d'hébergement (refuge ou hôtel réservé par l'ONF) et, bien sûr le lieu et l'heure du rendez-vous avec le guide qui vous conduira dans un 4x4 de l'ONF le plus loin possible (les barrières sont ouvertes puisque les vacances sont finies). Le tout se termine par les coordonnées des contacts locaux, avec fax. C'est parmi ces fiches que nous avons trouvé celle qui fait notre malheur : « Laurenti, pratiquer l'approche de l'isard dans « le petit Québec ariégeois ». Il est précisé que « *le seul gibier autorisé ici est l'isard* », on chasse tous les jours (comme dans la forêt domaniale des Hares) et surtout, ce qui explique notre seconde chance, la découverte du Pla : ce territoire a été « *mis en réserve depuis 1968 et bénéficie de la proximité (…) de la Réserve Nationale de Chasse d'Orlu* »[6].

C'est là que nous avons rencontré les deux lascars, l'accompagnateur et son client et que nous avons peut-être fait rater une vente malgré toute la vénale sollicitude de l'ONF qui avait voituré le gogo (ils étaient frais comme des gardons), prêté l'équipement manquant et qui avait même accepté une séance de repérage puisque la chasse guidée ne commence que mi-septembre quand tous les indésirables sont partis et qu'il est possible de conserver le mythe de la chasse sportive qui demande endurance, courage, contact direct avec la nature…

Tu parles, il suffit de suivre le guide, le règlement de l'ONF et d'avoir du fric.

---

6. www.onf.fr/FORET/dossier/chasse/chasseariege/laurenti.htm

A chacun selon ses moyens

Récapitulons pour que tout soit clair pour tout le monde parce qu'il faut bien avouer que c'est tortueux et assez compliqué, d'autant que c'est à la fois complètement secret pour les étrangers, à moitié secret pour les chasseurs eux-mêmes (selon que vous serez riche …), assez bien connu des friqués, connu entièrement des nababs initiés et à la fois (sauf la chasse pour émirs) objet de communication et d'une large publicité : Google est là pour ça. Mais pour savoir quoi chercher sur Google, encore faut-il être un minimum dans le secret des dieux. Les pauvres clampins (ce que nous étions avant d'être un peu mis aux parfums) ne peuvent même pas croire qu'il suffit de taper une adresse web pour savoir qu'on peut chasser l'isard dans le Laurenti et qu'on peut téléphoner au contact local (qui appartient à l'ONF) pour tous renseignements, tarifs et réservations.

Or donc, il y a, tout en bas le chasseur de base qui se contente de payer son permis de chasse à sa Fédération départementale plus le timbre national « grand gibier » (il participe, dans ce cas au plan de chasse) et qui, à l'ouverture, part à l'aube, seul ou avec des copains, chasser qui le lièvre, qui le faisan, qui la perdrix ; s'il veut chasser le gros gibier (le cerf, le chevreuil, l'isard) il doit participer aux réunions de son ACCA afin de savoir dans quelle brigade (en général 2 gugusses) il va chasser, où elle (sa brigade) aura le droit de chasser (à plus de 150 mètres des habitations et en dehors des 10% du territoire communal mis en réserve) c'est-à-dire quel secteur sa brigade a tiré au sort, quel(s) jour(s) il peut chasser quoi, combien de bêtes lui sont attribuées et lesquelles (selon le sexe et l'âge), en un mot, il faut qu'il connaisse le plan de chasse auquel il participe. Sa brigade devra acheter les fameux bracelets (qui permettent de comptabiliser le grand gibier abattu et de distinguer le chasseur en règle du braconnier) et peut y aller. Par exemple, Marc, un ami dont nous reparlerons plus loin, apprenait qu'il chasserait avec H., qu'il avait droit, pour l'isard à une vieille femelle, et qu'il devrait exercer ses talents dans le secteur dit du Col de la Montagnette, le mercredi exclusivement. De petits arrangements sont possibles entre copains, on a le droit, par exemple d'échanger deux secteurs. Et vas-y ! Il peut arriver à un zigoto que sa chasse à l'isard ne dure qu'un jour comme il peut y passer tout le temps de la chasse tant qu'il n'a pas tué sa bestiole qui sera partagée en 2. S'il n'habite pas là où il chasse[7], il devra venir chaque fois qu'il le peut le mercredi. Il peut arriver aussi qu'il ne tue pas sa bête parce qu'il ne rencontre pas sa proie là où il a le droit de chasser. Et c'est tintin pour la saison. Tout cela se passe, évidemment, sur le territoire de son ACCA, pas dans les réserves domaniales.

Mais un isard pour deux, c'est pauvre. Alors, s'il a les moyens, il peut se payer une journée (ou plusieurs) de chasse guidée. Là, il part avec un guide (comme c'est expliqué plus haut) et il tire l'animal qui lui est désigné. Toute la différence, c'est qu'il chasse maintenant dans la réserve domaniale, c'est-à-dire sur les terrains gérés par l'ONF ; c'est plus cher mais c'est nettement plus confortable et beaucoup plus facile.

Reste la chasse des nababs qui, en tout, est un cran au dessus mais sur laquelle nous n'avons guère de renseignements parce que c'est top secret. Nous n'avons à notre disposition que des on-dit.

---

7. En dehors des chasses guidées de l'ONF, le chasseur de base doit avoir une résidence secondaire dans son ACCA.

Variantes

Les deux dernières formes de chasse sont en général pratiquées par des gens qui ne sont pas du coin (on peut être Catalan et aller se payer une chasse guidée en Alsace). Mais quand on prend régulièrement l'apéritif avec les gardes de l'ONF le système 2 peut être assoupli, on s'arrange quoi, pour que ce soit moins cher mais que ça rapporte tout de même à l'ONF. De toutes façons, c'est moins cher puisqu'il n'est pas question d'hébergement, de restauration, que chacun a son 4x4 et que personne n'a besoin de nourrice, juste d'être un peu aidé et de pouvoir chasser un peu plus. C'est ainsi que C. organisait des journées de chasse avec des groupes de gens plus ou moins copains. Il faisait des sortes de forfaits pour quatre ou cinq jours différents dans le mois, à des endroits différents, et mêlait le plan de chasse et battues au sanglier ; les gardes étaient souvent des débutants mais c'étaient eux qui décidaient du poste de chasse de chacun et organisaient le toutim. Ces arrangements étaient moins onéreux mais certains, comme Marc, n'étaient pas contents parce qu'on chassait même s'il y avait du brouillard ou une pluie d'enfer, parce que le poste était trop pénible à atteindre, parce qu'on ne tirait pas grand-chose, etc. Mais il faut savoir ce que l'on veut et tout le monde sait que les soldes ont des inconvénients.

Un ami de Marc avait même son système perso : il trouvait que c'était trop cher encore (il avait à cause de cela une épouvantable réputation de radin) et il ne payait pas comme les autres sauf une très petite somme moyennant quoi il ne tirait pas avec les copains mais attendait que tout le monde soit complètement sur les rotules et abandonne, pour avoir le droit, lui, de tirer. C'était la deuxième démarque si on veut.

Safaris en tous genres

La chasse est peut-être devenue populaire et démocratique[8], il n'empêche que tout change quand on a les moyens : il ne s'agit pas seulement du nombre d'euros qu'on consent à aligner mais aussi de la nature même de la chasse.

Dès qu'on est prêt à casquer, on se trouve dans un autre univers puisque l'ONF (et ceux qui traitent avec lui) se transforment en Club Med ou en marchands de safaris comme en Tanzanie ou au Kenya. Tout, absolument tout est organisé (à peu près sur le même modèle) pour satisfaire le client. Comme on l'a vu plus haut, celui qui a réservé son séjour ou sa journée de chasse et qui a bien suivi le mode d'emploi en réservant à l'avance sur le formulaire idoine qu'il a téléchargé puis qui a téléphoné à son contact, en choisissant sa période de chasse sur le calendrier, qui a précisé quel gibier l'intéresse et qui, bien sûr, a payé les arrhes, est pris en charge à son arrivée. Chaque fiche de l'ONF précise l'organisation.

Prenons un exemple précis en Seine et Marne.

« ***Battues sangliers***

« *Organisées et encadrées par des personnels de L'ONF, ces battues ont lieu le jeudi de novembre à février ; Les animaux proposés au tir sont essentiellement des sangliers, accessoirement quelques biches et faons, plus rarement des chevreuils.*

Le nombre de traques est généralement de trois par journée (excepté en cas de tableau important).

---

8 Voir pp. 98, sqq..

Le rendez-vous est fixé à 9h 00 à l'Ermitage de Franchard. A l'issue de la journée et en fonction du tableau, chaque chasseur reçoit une part de venaison.

Des repas fournis par un traiteur vous sont proposés le matin et le soir (sans obligation)

Tarif indicatif : 20 euros le matin et 22 euros le soir.

Les réservations sont individuelles. Le nombre de chasseurs est compris entre 36 et 40.

Tarifs

Le prix est de 300 euros/j chasseur (hors restauration). Aucune taxe ni redevance supplémentaire ne vous sera demandée.

Poussées silencieuses

Organisées et encadrées par des personnels de l'ONF, ces poussées ont lieu le vendredi de novembre à février (6 journées par saison)

Les animaux proposés sont des sangliers et des grands cervidés y compris cerfs coiffés. La particularité de ces journées réside dans l'utilisation de miradors mobiles (aluminium) qui permettent des tirs fichants très sécurisants. Cette technique est surtout utilisée en bord de ville ou dans les sites très fréquentés par le public. Le nombre de chasseurs est limité à huit ; le nombre de pièces par jour de chasse est limité à 10.

La restauration n'est pas prévue, les repas sont « tirés du sac » et pris en commun en forêt. Le rendez-vous est fixé à 8h 00 à l'Ermitage de Franchard. Chaque chasseur, en fonction du tableau, reçoit une part de venaison.

Tarifs
Le prix de la journée est fixé à 330 euros /j bracelet compris.
Taxe de tir[9] en plus pour cerfs portant plus de 10 cors. »[10]

Ici, comme sur un certain nombre de fiches, pas de nom de contact. On est prié de s'adresser à l'ONF de Seine et Marne. Les fiches sont à peu près toutes sur le même modèle, elles précisent s'il y a traiteur ou pas, les particularités régionales : par exemple dans la forêt de La Harth, près de Mulhouse, l'ONF pratique le discount : pour les battues, le prix de la journée est de 245 euros (repas de midi inclus), une réduction de 50% est offerte aux chasseurs de moins de 25 ans possédant un permis depuis moins de 5 ans mais la venaison est à payer en plus. Mais ne chipotons pas, En général, le prix de la journée est toujours à peu près le même. Vous direz, 300 euros pour une battue au sanglier, c'est donné et vous allez nous accuser d'exagérer : il faut bien payer le guide, l'organisation de l'ONF[11], et puis on a la viande en plus ! C'est un mauvais raisonnement qui oublie tout simplement que le sanglier est classé nuisible[12] et surtout n'est pas soumis au plan de chasse[13].

C'est volontairement que nous avons commencé par cet exemple qui est peu représentatif du coût de la chasse guidée tout simplement parce que le « cochon » n'est pas considéré comme un gibier noble ce qui est loin d'être le cas pour le chevreuil, le daim, le cerf ou l'isard. Et alors là tout change.

---

9. On verra bientôt l'intérêt de cette précision.
10. Site officiel de l'ONF, 2007.
11. Mais une battue à 40 rapporte tout de même 12 000 euros.
12. Voir pp. 166, sqq.
13. Voir pp. 72, sqq.

Ce qui vient d'être évoqué c'est le prix d'une journée d'approche ou de battue qui n'est qu'une ballade avec un guide en forêt. Mais ce n'est pas encore la chasse. La chasse consiste à tuer du gibier, donc à tirer sur des animaux (ceux qui sont soumis au plan de chasse) moyennant une **taxe de tir** (lorsqu'on tue sa proie) dont le barème est fixé par l'ONF selon la nature du gibier, son âge, son sexe et la valeur de son trophée.

Voici les tarifs officiellement publiés par l'ONF (2005-2006) pour les chasses en forêt de Lente (dans la Drôme). Nous ne donnons ici que les taxes pour tirs de mâles à partir de 12 points ONF (quand le trophée devient intéressant).

Le moins coté, semble-t-il, est le mouflon dont la taxe commence à 410 euros pour aller jusqu'à 1920 euros (au-delà de 18 points ONF, 640 euros par point ONF supplémentaire) venaison comprise tout de même. Puis vient le chevreuil qui est coté entre 130 et 2185 euros (plus « 320 euros par point supplémentaire » ; enfin, sa majesté le cerf, de 1240 à 4915 euros (plus 800 par point supplémentaire). Dans tous les cas une réduction de 30 à 40% est accordée pour les tirs sanitaires. Il n'est pas facile, quand on n'est pas directement de la partie de savoir exactement à quoi correspond ce barème de l'ONF, parce qu'il faudrait savoir à quoi correspondent ces points qui ne sont pas les mêmes pour les différents gibiers. Mais cela donne un ordre de grandeur. Et il ne faut pas oublier que ces tarifs sont ceux de 2005-2006 et donc ne pas oublier la hausse du coût de la vie.

Donc, celui qui veut se payer un cerf haut de gamme à Lente devra débourser, en plus de ce que paie le chasseur ordinaire 4915 + 260 = 5175 euros (sans venaison) ce qui fait tout de même une somme assez rondelette ; mais quand on aime, on ne compte pas !

Naturellement, il peut y avoir un problème si le chasseur ne tue rien. La journée de chasse peut être annulée s'il y a un brouillard à couper au couteau, par exemple ; mais l'échec peut venir aussi de l'absence d'animaux. Nous avons passé des heures à scruter en vain, dès l'aube, le moindre recoin du territoire des isards, à la recherche d'un cul, d'une paire de cornes qui dépasse. Nous gageons que ça arrive aussi aux chasseurs malgré toute l'expérience du guide. Pas de panique ! L'ONF, comme le Club Med l'a prévu. Si aucun animal n'a pu être tiré, celui qui a payé d'avance pourra chasser un autre jour s'il y a des places et, si tout est complet, il sera inscrit prioritairement l'année suivante. Il ne manquerait plus que le client soit mécontent !

Bien entendu, il y a aussi les chasses privées commerciales qui proposent des tarifs un peu différents, en général un peu plus onéreux que ceux de l'ONF. Mais ce n'est pas notre propos.

Le prix de l'isard

Pour des raisons que nous ignorons, on a beau farfouiller dans tous les moteurs de recherche, l'ONF qui donne des tas de renseignements sur la chasse à l'isard, qui ne tarit pas d'éloges sur les sites, qui donne tous les détails des tableaux de chasse, qui explique qu'en Ariège on bénéficie de la très grande proximité de la Réserve Nationale d'Orlu, qui précise que «*Notre équipe d'accompagnateurs de chasse saura vous concocter un séjour* **à la carte** » ne donne absolument aucun tarif des taxes de tir pour l'isard. Mais chacun sait que lorsqu'aller tout droit est impossible, il faut chercher un détour. Ce détour, nous l'avons trouvé sur Google qui signale l'existence d'un certain Alain Dardenne[14], guide de chasse (chevreuil, cerf, isard, mouflon, sanglier). Les isards, écrit-il, « *sont chassés sur des territoires ONF. Le système de cotation et de tarification est donc celui de l'ONF* ». Il donne les tarifs pour 2006 : 100 euros pour l'organisation et 300 pour la journée de chasse. Les isards mâles valent entre 850 et 2470 euros (plus 650 par point ONF supplémentaire). On a droit à autant d'égards que de la part de l'ONF puisque « *Les territoires son accessibles et adaptés en fonction du chasseur* ». Ici, l'ONF sous-traite mais A. Dardenne facilite les choses puisqu'il précise qu'il s'agit de chasses en enclos.

On trouve aussi des petites annonces. On vous propose ainsi (tarif 2007) une chasse à l'isard à l'approche en Haute Garonne ; mais comme pour les chaussettes, il s'agit d'un « *lot de 3 isards pour un montant de 4000 euros* »[15]. Vendre les isards par lots, il fallait y penser !

La triche de l'école de chasse

Mais l'ONF a encore plus d'imagination que vous ne le pensez. L'ONF fait ce qu'il juge bon (même s'il se trompe comme dans le cas des coupes rases) des forêts domaniales (qui ne sont pas toujours des forêts mais peu importe). Il loue, concède des baux, organise des chasses en licences guidées, etc. Mais il ne peut pas disposer à son gré de ce qui est classé « Réserve Nationale de Chasse et

---

14. Alain Dardenne, Services cynégétiques, Le Téoulé. 32450 Castelnau Barbarens. France. Tél. Fax : 00 33 5 62 65 39 73 ; E.mail : A. Dardenne@wanadoo. Fr Portable 00 33 6 80 00 47 01.
15. Jacky Estadens,31160, Est –France.
E-mail : fami.daffos@orange.fr

de faune sauvage » comme c'est le cas de la réserve des Bauges (Savoie et Haute-Savoie) ou de celle de Neuvillier les Saverne qui sont gérées également par l'ONCFS et, pour la première, par le Parc Naturel régional des Bauges. On fait ce qu'on veut chez soi, mais quand on travaille avec des gens qui, c'est le cas officiellement de l'ONCFS, ont pour mission d'étudier la faune et non de faire du fric (l'ONCFS n'est pas un EPIC[16]), il faut ruser. Mais on trouve toujours des arrangements avec le Ciel. Alors, à droite toutes ! Il est bien connu que les gens ont soif d'apprendre. On crée donc une Ecole de chasse et il n'est plus question de rentabilité ou de gestion de la part de l'ONF. Curieusement, il est dit que ces stages de chasse « *s'adressent tout spécialement aux chasseurs intéressés par la gestion et la chasse* (tout de même) *des trois espèces de grand gibier de nos régions* ». En quoi un chasseur, en tant que chasseur, s'intéresserait-il à la gestion de la chasse ? Il faut bien trouver quelque chose à dire pour justifier les stages et surtout les cours théoriques.

Dans la publicité (puisqu'il faut bien l'appeler par son nom) de la Petite Pierre, il n'est guère question de gestion. Mais la présentation générale est alléchante : « *Les stages sont proposés « clé en main », leur tarif comprend l'hébergement, la restauration et les taxes de tir* »[17]. Pour un séjour de 3 ou 4 jours, le tarif plein du chevreuil est de 950 euros, celui du cerf de 750 et celui de la chasse individuelle de 950. Une réduction de 40% est consentie aux jeunes chasseurs selon les critères en usage ; tous les stages sont ouverts aux chasseurs à l'arc.

---

16. Voir plus loin, p. 75.
17 .Courriel :ecole-de-chasse.la-petite-pierre@onf.fr
   Site internet :http://perso.wanadoo.frecole.de.chasse.la.petite.pierre.

On peut préférer « **La haute école cynégétique** » située dans la réserve nationale de chasse et de faune sauvage des Bauges : « *C'est ici que depuis plus de dix ans, l'ONF, l'ONCFS et plus récemment le Parc naturel régional du massif des Bauges proposent des stages de formation aux techniques de chasse en montagne, à l'environnement alpin et à la biologie des espèces animales que l'on y rencontre* ». Là on a droit à des cours théoriques donnés dans un amphithéâtre de la maison faune-flore (présentation de la réserve, biologie des ongulés de la réserve, suivi scientifique de la faune et de la flore et même nivologie). Pour ceux qui se sentiraient rebutés par ce retour à la fac :« *Malgré l'aspect éducatif des stages, ces cours n'ont rien de magistral bien au contraire, puisque les «élèves chasseurs » sont invités à participer activement aux interventions des agents formateurs qui sont pour la plupart guides de chasse.*

Mais venons-en au fait [quel aveu dénué d'artifice], *c'est-à-dire à la chasse ou plus précisément aux « **prélèvements à but scientifique** » comme il est coutume de les appeler dans la réserve* ». Diable ! On n'en croit pas ses yeux, le but de la chasse ne serait pas de tuer des animaux, son but serait spéculatif donc théorique ! Pour un *scoop*, c'est un *scoop* ! L'explication qui suit éclaire peu : « *les quelques 700 animaux qui sont prélevés annuellement sur la réserve et ses territoires limitrophes font tous l'objet d'une pesée, d'une prise de mensurations, d'une estimation de l'âge et d'un contrôle sanitaire. Ces informations alimentent une banque de données informatique et permettent d'évaluer l'impact de la chasse sur les populations locales d'ongulés sauvages ainsi que sur le milieu.*[18] » Il faut avouer qu'on ne voit pas bien ce qu'il y a de nouveau scientifiquement dans ce relevé de données qui pourrait

---

18. www.realtree.fr/community/feature-detail

très bien se faire en dehors de toute école de chasse. Oui, mais, on ne distinguerait plus bien l'ONF et l'ONCFS ! Quelle catastrophe !

Passons aux choses sérieuses, ce qui est proposé et les tarifs : les stages durent 4 ou 5 jours (laissons le stage découverte de 2 jours) et sont proposés pour 1990 ou 2450 euros par personne (tout compris, incluant la venaison et les éventuels trophées pour 5 gibiers maximum).

On le voit, c'est un peu moins cher que la licence dirigée ONFique mais les conditions ne sont pas exactement les mêmes: le stagiaire doit se taper les conférences, se transporter le gibier dans son sac à dos, accompagner le guide pour récupérer la carcasse si la victime a eu la mauvaise idée de faire une chute de plusieurs centaines de mètres et la chasse est organisée de manière légèrement différente : « *Ne venez pas ici dans l'idée de prélever absolument un grand trophée, car ce qui prime c'est la réalisation du plan de chasse. Ainsi l'observation de l'âge, du sexe et des cornes de tout animal rencontré permet de décider ou non de son prélèvement !* » Cette précision importante donne de sérieuses raisons de supposer que la plan de chasse n'est pas la préoccupation principale de l'ONF livré à lui-même lors des chasses guidées ; et il ne faut pas oublier qu'ici, il y a aussi l'ONCFS qui poursuit des buts scientifiques (il lui faut bien quelque chose à faire maintenant que l'ONF lui a piqué la chasse !) Autre précision, pour le tir à l'arc « *aucune garantie de tir n'est accordée* ».

Bref, le tout est un chouia plus spartiate que la chasse guidée, pas trop tout de même, mais que voulez-vous, il s'agit d'écoles de chasse et l'école (qu'elle soit de chasse ou non) garde toujours (à tort) une image un peu rétro qui la distingue (l'image, pas la réalité) du Club Med. Mais on peut supposer que c'est le prix à payer par l'ONF pour pouvoir faire chasser dans deux **réserves nationales,** ce qui devrait être tout simplement impensable parce que cela constitue le sacrilège suprême (il n'y a que 8 réserves nationales en France[19]) et même ce dernier interdit a été contourné !

Mais faisons confiance à l'ONF qui reste un EPIC et qui, ne pensant qu'aux picaillons, a bien dû trouver un moyen pour que ces écoles de chasse lui rapportent autant de ressources propres que le reste. Et puis, il n'y a pas de petits profits.

On oublie toujours le congélateur

A la fin de la journée de chasse guidée, on fait la photo de classe : les victimes ensanglantées sont tristement alignées au premier rang et les héros se tiennent fièrement dans des poses viriles, derrière, en rangs d'oignons. Mais que va-t-on faire de toute cette barbaque ?

On comprend aisément que celui qui est venu en avion uniquement pour se rapporter un beau trophée pour son salon ne va pas se transporter un cerf en bagage à main. Mais il y a tous les autres. Que va-t-il advenir de ce qui est désormais de la venaison ? Différentes solutions possibles sont adoptées et varient beaucoup selon les lieux, décentralisation oblige.

Le plus simple est le forfait tout compris, comme dans les hôtels FRAM. Chacun va se coltiner ce qu'il a tué (il peut, s'il le demande être aidé jusqu'au 4x4). C'est surtout ce qui se pratique dans le centre, dans les forêts domaniales de l'Abbaye-Marcenat et de l'Abbaye Saint Gilbert à côté de Vichy, à la Haute Ecole cynégétique des Bauges

---

19. Chiffre de l'ONCF.

sous la houlette de l'ONF, ou dans la chasse privée du Domaine de la Motte à Charroux (Vienne). Il y a aussi des pratiques plus conviviales, comme on dit, c'est le cas dans le Domaine de chasse privée situé dans la Forêt de la Maisonnette (Deux-Sèvres et Maine et Loire), mais aussi, avec l'ONF, dans la Forêt domaniale de Tronçais (Allier) ou en Bretagne (forêt de Huelgoat). On se partage en frères les sangliers et les chevreuils. Rien d'étonnant là-dedans.

Il est plus surprenant de voir souvent annoncé que les prix indiqués ne comprennent pas la venaison, que ce soit dans le privé ou dans le public. Alain Dardenne ne précise pas ce qu'il fait de la viande d'isard (il doit avoir un grand congélateur puisqu'il est interdit de vendre de l'isard). L'ONF de Mulhouse souligne les « *subtilités cynégétiques alsaciennes : la venaison n'est jamais incluse dans les taxes de tir* » et donne des détails de prix : pour le sanglier, il faut compter 120 euros jusqu'à 40 kg vidé (+ 6,50 euros par kg supplémentaire).

Le pompon de la complication revient au système ONF de la forêt de Lente dans la Drôme : pour les chamois et les sangliers, la venaison est incluse (si le sanglier pèse plus de 41 kg, il faut ajouter 5,5 euros par kg), autre système pour le mouflon : s'il s'agit d'un petit ou d'une femelle, la venaison n'est pas comprise et coûte 4 euros/kg TVA 5,5% comprise ; pour les mâles, elle l'est mais c'est nettement plus cher (jusqu'à 1920 euros). Le cas du chevreuil est clair : la venaison revient à 5,5 euros/kg TTC. Le cerf garde du mystère : il est indiqué en gros caractères « **Venaison non comprise** », mais rien sur les prix.

Quand il y a aussi des oiseaux (bécasses) ou des lièvres, l'ONF est bon prince : le gibier appartient au chasseur (mais il n'a pas le droit de tirer plus de trois bécasses et un lièvre).

Il faut avoir une pensée pour les foulques (râles d'eau qui ne sont même pas beaux mais qui sont assez rigolos).

Le 5 novembre 2006 plus de 3000 foulques ont été abattues en quelques heures et en toute légalité sur l'étang de la Petite Camargue gardoise pour finir ... à la poubelle. « *Autrefois, les oiseaux morts étaient donnés aux hospices mais aujourd'hui personne n'en veut plus car ils sont difficiles à plumer puis à cuisiner et la chair garde un goût de vase. C'est ainsi qu'une grande partie de ces malheureuses foulques sont purement et simplement jetées ... aux déchets* »[20].

Que penser de toutes ces histoires de viande ? D'abord qu'il y a des chasseurs qui ont comme seul but de tuer puisque certains chasseurs acharnés, comme Marc, ne mangent jamais de gibier. Ils disent, bien sûr, que la chasse c'est la marche longue et parfois difficile, que c'est un contact authentique avec la nature, que le gibier est magnifique et majestueux, que ceux qui ne chassent pas ne connaissent pas l'émotion unique de se trouver face à un bel isard, etc. etc. Mais si ces animaux sont tellement beaux, pourquoi en faire des cadavres qu'il va falloir vider et dépouiller dans un bain de sang ? En fait, c'est purement gratuit. Même pas, on ne peut s'empêcher de penser que celui qui ne mange pas de gibier tue uniquement pour le **plaisir** de tuer. Ensuite que le congélateur est très important pour le chasseur qui connaît des fins de mois plus ou moins difficiles : du sanglier ou du chevreuil à 4 ou 5 euros le kg, c'est imbattable et même si on n'est pas pauvre, cela permet de faire de beaux cadeaux sans se ruiner. Enfin et surtout, cela montre que l'ONF ne perd jamais de vue le caractère commercial de la chasse (que la venaison soit comprise ou non dans la taxe de tir au grand gibier, ce qui ne change rien puisque dans le premier cas de figure la taxe est plus chère) : c'est toujours ça de plus

---

20. http://midi-ecolog.midiblogs.com/chasse-peche/

pour les ressources propres ; s'il n'y a pas assez de demande, et si une partie de la venaison lui reste sur les bras, ça permet de soigner son image et de passer pour charitable : c'est ainsi que dans notre région le responsable local de l'ONF faisait distribuer, au moment des fêtes, du gibier dans les maisons de retraite au point que les pauvres vieux en étaient gavés et n'en voulaient plus. Qu'importe, c'est la beauté apparente du geste qui seule compte.

DEUXIEME PARTIE

LA CHOUETTE DE MINERVE PREND SON VOL AU CREPUSCULE

Jusqu'ici, nous avons raconté une histoire, la nôtre, l'histoire de nos joies et de nos malheurs, de nos espoirs comme de nos trop nombreuses déceptions. Notre histoire est un amas de faits hétéroclites qui semblent relever de la chance ou de la malchance et surtout qui ne semblent posséder aucune rationalité, aucune explication d'ensemble. Devant tant d'échecs, le plus sage semble de renoncer et de dire « *Let it be* », d'être fataliste, quoi.

Mais nous avons déjà dit que nous ne supportons pas de ne pas comprendre. Bien sûr, on pourrait incriminer la faiblesse de notre esprit, nos préjugés, les obstacles épistémologiques et dire que « *La science c'est ce qu'on aurait dû penser* ». Mais si ce que dit ce cher Bachelard est vrai en sciences il n'est pas évident que cela vaille pour les faits vécus qui sont complexes et bigarrés, pour ce qui ressemble à l'histoire avec ses victoires et ses défaites. Nous ne pensons pas du tout que « tout ce qui est réel est rationnel » parce que nous ne croyons (en dehors des phénomènes naturels) pas plus au déterminisme qu'à la divine Providence parce que les actions des hommes sont libres.

Pourtant, avec la formule finale de la *Préface* de *La philosophie du droit*, Hegel dit quelque chose de fort simple et de fort juste : le philosophe arrive toujours après la bataille, il ne comprend les faits qui se sont déroulés sous ses yeux qu'après coup, au crépuscule du soir, quand tout est fini. Jamais nous n'aurions soupçonné que le mystérieux fil d'Ariane qui reliait tout ce que nous venons de raconter se résumait en trois lettres : ONF, la clé qui permet de voir que le but de tout cela est, non pas de faire des misères aux chasseurs d'images, mais, comme pour tout, la **gestion** qui avance masquée derrière une **idéologie**, véritable inversion du réel, qui permet de faire passer la pilule et qui, comme toute idéologie, est dominante, s'impose partout et passe pour argent comptant.

Chapitre 1

La vraie nature de l'ONF

Nous avons mis treize ans à comprendre les causes de notre malheur qui (si on oublie la parenthèse pleine de joie et de félicité que constitua notre découverte du Pla) n'a fait qu'empirer d'année en année au point que nous avons presque renoncé à ce qui fut pour nous un petit coin de paradis. Il nous en a fallu des discussions, des hypothèses et des observations pour dévider, sans nous amuser, ce filet dont parle La Boétie qui permet à Jupiter d'amener à lui tous les dieux. Car tout se tient, malgré les évidences, depuis l'ONF qui trône en haut de cet Olympe qu'est Paris jusqu'au pauvre bougre qui craint les orages à cause de son congélateur. En bas, tout en bas, donc, les innombrables chasseurs de base, au dessus on trouve les petits privilégiés, qui ne peuvent se payer qu'une chasse guidée collective, puis, beaucoup plus haut, ceux que nous appelions les « nababs », souvent de richissimes étrangers (mais aussi des parvenus) qui peuvent, en arrivant par avion, se payer un ou plusieurs tir guidé (avec un guide ONF perso *of course*) dans la réserve. Bien sûr, comme dans le filet de La Boétie, il y a une quantité invraisemblable d'intermédiaires, de copains et coquins ; tout ce petit monde se tenant : comme sous l'ancien régime, de haut en bas et de bas en haut, ce n'est qu'un système de privilèges mais dans lequel le plus petit a autant besoin du plus grand que l'inverse. Et naturellement, comme tout le monde y trouve (ou du moins le croit) son compte, le secret viril des chasseurs est bien gardé.

Mais comment avons-nous fait pour percer ce secret, alors que nous avions tout contre nous ? D'abord nous sommes parisiens et dans notre village de montagne qui compte moins de trois cents âmes on déteste tout ce qui est estranger (surtout s'il vient du nord) ; même s'il vient depuis cinquante ans, le touriste n'est que toléré parce que tout de même il faut louer appartements, chalets, terrain de camping, faire marcher la station de ski, etc., faire du commerce quoi ! Comme chez les peuples primitifs d'Amazonie, celui qui n'est pas du village, même s'il est du village d'à côté, est et sera toujours un « pas de chez nous ». Ensuite nous ne nous comportons pas comme le touriste lambda qui reste une semaine, deux au maximum, qui ne pense que soleil et pique-nique ou (pas et) marche comme un malade, déguisé en alpiniste, se fait systématiquement tous les sommets de la région, qui ne fait que monter pour descendre sans jamais regarder autour de lui avec comme seul but de faire un temps. Enfin, nous aimons par-dessus tout l'observation des animaux sauvages, de la mésange bleue à l'isard sans oublier la marmotte et le vautour ; en plus nous sommes capables de rester des heures à attendre le *kaïron* qui nous permettra de faire une bonne photo ou un bon plan au caméscope.

 Mais on ne peut pas avoir toujours de la malchance et c'est le hasard ainsi que ce dernier handicap qui nous sauvèrent : nous avions naturellement horreur de la chasse mais pour n'être que des chasseurs d'images nous étions tout de même chasseurs en un sens et nous avions ainsi certains points communs avec la gent cynégétique ou du moins avec un de ses membres éminent dans le village, Marc, qui, la chance aidant, devint notre ami malgré tout ce qui nous opposait. Marc, lui non plus ne faisait pas partie des « gens du terroir », des « gens du cru » comme dit le poète. Il venait de la grande ville, de Toulouse exactement et, bien qu'il eût fait construire quarante ans auparavant une immense maison dans le plus pur style du coin et qu'il y habitât depuis qu'il avait pris sa retraite, il n'était pas, malgré tous ses efforts, devenu un autochtone, et, originaire de la ville, il n'était pas aussi méfiant que les autres vis-à-vis des parisiens. Pour se désennuyer un peu, il aidait son fils Jean-Marc qui tenait une petite épicerie tout près de chez nous et nous eûmes le rare honneur en 90 d'être invités au rituel apéritif du soir qui lui permettait de trôner dans son arrière-boutique entouré de deux ou trois amis qu'on aurait dit choisis par Montaigne et La Boétie et qui nous faisaient toujours sentir que nous n'étions pas chez nous. Si on laisse de côté les ragots qui font le charme discret de ces petits villages, l'essentiel des conversations roulait sur ce qui les réunissait : la chasse et spécialement la chasse à l'isard.

C'est ici que tout se joue. Nous avons entrevu nos premiers isards en 90, en 91, nous avions fait des progrès peu productifs à cause de notre matériel lamentable mais en 92, armés de pied en cap si on peut dire, nous étions fiers comme des poux de nos exploits photogéniques et nous n'avons pas pu résister au plaisir très puéril d'exhiber quelques portraits d'isards. Il faut savoir que les très rares photos qu'on nous avait montré ressemblaient à s'y méprendre à ce que nous avions réalisé l'année précédente. On n'y voyait que des vermicelles brun clair et toujours de dos, en pleine fuite. Des culs d'isards, quoi. Les chasseurs, eux, les tiraient à 150 mètres et n'avaient jamais vu de près que des isards morts. Aussi furent-ils estomaqués par nos photos plein cadre et en plus de face. Leur intérêt pour nous fit un bond extraordinaire et nous étions du coup des interlocuteurs valables. Ce fut l'année du grand potlatch : nous leur racontions où nous avions vu les précieuses bêtes, ils nous dévoilaient leurs secrets. Il ne faut pas s'en étonner puisque nous n'étions nullement rivaux : à l'ouverture de la chasse nous rentrions à Paris ; ce qui les intéressait c'était uniquement de tuer, nous, de filmer et de photographier.

Nous ne savions pas, en arrivant l'été suivant, que nous entrions dans l'année terrible et nous étions par avance euphoriques, certains de pouvoir encore améliorer nos performances photographiques.

C'est alors que Marc, qui n'était pas peu fier d'être notre ami parce qu'il était le seul dans toute la région à exhiber en face de la porte de l'épicerie une photo d'isard plein cadre tirée en format poster, très net et surtout solidement campé devant nous, les naseaux légèrement retroussés et comme brillants de colère, nous conseilla d'aller voir de sa part son très grand ami C. qui régnait sur l'ONF local en nous laissant entrevoir des échanges de services fructueux. Cette visite ne nous enchantait guère mais devant l'insistance de Marc nous dûmes obtempérer. Après les bla-bla d'usage, C. se mit à nous expliquer que nos photos et vidéos lui seraient fort utiles pour la formation de ses gardes qui devaient apprendre à bien savoir reconnaître les mâles et les femelles, les différents âges des isards, etc. Et il nous montra différents massacres (c'est le nom barbare, normal ce sont des chasseurs, qu'on donne aux cornes destinées à trôner au dessus de la cheminée). Son but caché était de nous montrer notre ignorance (qui était bien réelle puisque cela ne nous intéressait pas) et sa compétence à lui. Nous avions le plus grand mal à garder le sérieux de mise lors d'une entrevue aussi importante parce qu'il se trompait une fois sur deux et devait le reconnaître lorsqu'il regardait la petite étiquette collée sous le massacre. Il en tirait d'ailleurs argument pour insister sur la difficulté de la tâche de ses gardes. Ensuite, il nous montra une vidéo qui montrait ... des chamois des Alpes ! Nos vidéos pyrénéennes lui seraient donc fort utiles.

A la fin de cet entretien plutôt à sens unique il nous confia une sorte de polycopié en nous recommandant fermement de lire ce qu'il nommait sa « thèse ». Ouf ! Fin de la corvée et vivement l'apéritif chez Marc qui, bien entendu, voulait un compte rendu et qui fut impressionné par la confiance que nous avait témoigné C. en nous donnant son chef-d'œuvre à lire.

Ledit chef-d'œuvre n'était pas du tout ce à quoi nous nous attendions. Il commençait par une sorte d'introduction sur la chasse qui insistait sur la nécessité impérieuse de maintenir cette coutume ancestrale qui était l'une des racines des habitants de la région ; venaient ensuite les inévitables et nombreux schémas de cornes d'isard et autres banalités. La suite n'était pas du tout de la même farine : c'était un exposé détaillé de ce que devait être la chasse à l'isard si on voulait protéger l'espèce, favoriser la biodiversité, bref, se comporter en véritable protecteur de la nature. C'est ce que nous avons nommé entre nous la « chasse scientifique » coup de chapeau au *scopone scientifico* du génial film de Scola.

Alors là, nous sommes tombés des nues : nous ne connaissions que très peu les règles de la chasse, comme tous ceux qui ne sont pas chasseurs et que ça n'intéresse pas. Il suffisait, pensions-nous de suivre quelques rares principes évidents : ne pas tuer les femelles ni les petits, ne pas chasser dans la réserve. Cela ne demande aucune justification ni explication.

La chasse scientifique

Avec la chasse scientifique, tout change : d'abord, on prélève (ce qui change tout, comme si ces brutes que sont les chasseurs avaient besoin d'euphémismes !) et on **doit** prélever tel pourcentage de femelles, tel pourcentage de petits, tel pourcentage de mâles. Ce n'est pas tout, on doit respecter, parmi les mâles et les femelles des quotas d'âge. Et n'allez pas croire qu'on ne tue que les vieux ; non, tout ça est calculé statistiquement, donc scientifiquement pour qu'isards et chasseurs puissent vivre dans le meilleur des mondes possibles. Pour notre région, le Leibniz de la chose n'était autre que notre cher C. qui établissait en liaison avec les chasseurs le plan de chasse c'est-à-dire le nombre d'isards à prélever et les pourcentages par sexe et âge. Le Dieu géomètre de Leibniz est omniscient, il sait, lui, combien il y a d'isards dans le coin. C. ne le sait pas. Alors, comment fait-il ? C'est tout simple : avant l'établissement du plan de chasse, on compte les isards. Et qui donc se livre à cette difficile opération ? Ben voyons, les gardes mais surtout les chasseurs ! Comme quoi on peut très bien être à la fois juge et partie ! Passons pudiquement sur toutes les tricheries et toutes les erreurs involontaires. L'important est qu'on puisse dire que tel jour de la fin août, il y a eu un comptage.

 La lecture de ce topo nous a d'abord laissés sans voix, nous pensions que c'était un projet dingue né dans la cervelle pas très fine de C. Mais en peu de temps, en écoutant ce que disaient les uns et les autres, nous avons dû admettre la folle réalité : ce n'était pas du tout un projet, c'était la nouvelle organisation nationale de la chasse mise en place par C. dès son arrivée dans la région. Nous comprenions dès lors les plaintes et les doléances des chasseurs fin août. Tout étant basé sur le tirage au sort, chaque chasseur (au début, ils furent réunis par équipe de deux puis par brigades de quatre à cause de la diminution fort mystérieuse du nombre d'isards) se voyait attribuer un secteur bien délimité de la montagne où il devait tuer (pardon, prélever) par exemple un mâle de 4 ans et tant pis pour lui s'il ne rencontrait que des femelles et des jeunes. Comme la confiance ne règne pas complètement, chaque brigade se voit donner un bracelet (qu'elle paie) mentionnant les caractéristiques de sa future victime. Ce bracelet doit être immédiatement attaché à la patte de l'animal qu'on vient de tuer et il sera récupéré par le garde lors de la déclaration. Plus de bracelet, plus de tir.

C'est ainsi que pour certains, la chasse est terminée le premier jour, alors que pour d'autres, elle dure pendant des mois. Nous connaissons un chasseur qui venait une fois par semaine de Marseille parce qu'il ne trouvait pas la proie qui lui était dévolue. Ce point peut sembler être un détail. Il est, au contraire de la plus grande importance pour les pauvres chasseurs d'images que nous sommes : avant, la chasse à l'isard durait environ 15 jours. Pendant deux semaines donc, ça tirait dans tous les coins pendant que les isards s'étaient, le plus souvent, prudemment repliés dans la réserve d'Orlu. Mais quand on chasse un jour par semaine pendant six mois (à quoi il faut ajouter les autres jours et périodes de chasse pour les autres gibiers) ça pétarade tout le temps et, quand il neige, ce qui arrive tout de même dans ces montagnes, les isards ne peuvent pas descendre se ravitailler un peu plus bas.

Encore une fois, nous ne nous sommes intéressés à la chasse que pour des raisons tout à fait étrangères à elle. C'est pour cela qu'il nous a fallu des années pour nous rendre compte que ces pratiques, avec des différences suivant les espèces, existaient pour tout ce qu'on appelle le grand gibier. Ainsi, pour le chevreuil, les taux de prélèvement sont respectivement de 20 à 25 % de vieux, 15 à 20% seulement d'adultes et 50 à 70% de jeunes[21]. C. n'avait donc rien inventé.

Mais une question nous turlupinait : C. était l'ONF empiriquement perceptible, l'ONF, c'est l'Office National des Forêts, comme son nom l'indique. Comment se fait-il

---

21. Chiffres tirés de *Connaître les chasses du chevreuil* de Jean-Patrick Barnabé, Editions Sud-Ouest.

que ce soit l'ONF qui s'occupe de la chasse ? Et les gardes-chasse alors ?

Sainte gestion

L'auteur, dont nous venons de citer les chiffres, est « *guide de chasse à l'Office national des forêts depuis plus de vingt ans, en forêt domaniale de Hourtin, en Gironde. Il est spécialiste dans le dressage des chiens, les chasses du chevreuil et la gestion de l'environnement naturel où chasse et écologie vont de pair*[22] ». C'est donc un homme du sérail qui écrit : « *on ne peut parler aujourd'hui de chasse qu'après avoir parlé de gestion. La chasse ne doit être que la récolte du fruit de la gestion, fruit qui correspond uniquement au surplus de production qui amènerait à la longue l'espèce vers un surnombre néfaste à l'équilibre du milieu* »[23]. L'auteur vient de dire que le chevreuil a connu des périodes difficiles (il veut dire sans doute qu'il était en voie de disparition) mais que son maintien dans nos forêts a « *été facilitée ces trente dernières années par une gestion raisonnée* »[24].

Remarquons au passage les expressions « récolte du fruit de la gestion » et « surplus de production » : on récolte ce qu'on a semé, ce qu'on a produit. Nous qui pensions bêtement que les cerfs, les chevreuils, les isards étaient des animaux sauvages et non d'élevage, qu'ils appartenaient, pour parodier Levi-Strauss, à l'ordre de la nature et non à celui de la culture ! Cette confusion

---

22. *Ibidem* (Quatrième de couverture).
23. *Ibidem*, p. 6.
24. *Ibidem*, p. 3.

s'explique sans doute par la double tâche de l'ONF qui gère la forêt (nos forêts sont largement artificielles) et la faune qu'on continue à qualifier de sauvage sans voir là l'ombre d'une contradiction. Mais passons, même s'il s'agit de tout autre chose, comme on va le voir, que d'une image ou d'une approximation lexicale et essayons de comprendre ce que l'ONF vient faire là dedans en cherchant ce qu'est la nature de l'ONF.

C'est un EPIC ...

L'ONF est juridiquement défini comme un Etablissement Public à caractère Industriel et Commercial[25], disposant comme tel de l'autonomie de gestion. Crée en 1966, il a succédé à l'Administration des Eaux et Forêts de Philippe le Bel. Il a succédé, sans doute, mais il ne faudrait surtout pas voir en l'ONF une sorte de continuateur des Eaux et Forêts, sinon ce cher La Fontaine se retournerait dans sa tombe. Mais revenons aux définitions et attributions légales même si cet aspect des choses n'est guère distrayant. L'ONF a trois missions principales : la production de bois, l'accueil du public et la protection du territoire et de la forêt. Au moins avec la première de ses missions, on comprend pourquoi c'est un établissement commercial : le bois, on le vend (en revanche son caractère industriel nous reste complètement mystérieux). Qui dit commerce dit gestion et l'ONF gère des tas de domaines auxquels le *vulgum pecus* ne penserait jamais. Nous allons voir en détail sa gestion de la chasse, mais il gère aussi des

---

25. Ses statuts sont définis au titre II du Livre premier du *Code forestier*.

écosystèmes, comme on dit aujourd'hui, associés (?) à la forêt tels que tourbières, dunes, pelouses alpines pour une surface de 5 340 km2. Son organisation est définie par la loi ; son action est orienté par le conseil d'administration (on trouve parmi les présidents des gens qu'on ne s'attendrait pas à rencontrer comme Michel Jobert, Jean-Louis Bianco et même ... Dominique de Villepin de 1996 à 1999, ce qui laisse à penser que cette présidence-là serait aussi un fromage) ; il est doté d'une organisation territoriale et a même des activités internationales : sa filiale, créée en 1997, *ONF International* est présente en Amérique latine et en Afrique. ONF Brasil travaille en partenariat avec Peugeot[26] ! On n'arrête pas le progrès. Il ne faut pas s'étonner, l'ONF est bien sponsorisé par Neslé !

Il est bien naturel que l'ONF gère les forêts, donc s'occupe des arbres. Ce qui peut sembler moins évident c'est que « *La gestion cynégétique [fasse] partie intégrante de la gestion forestière* »[27].

Ecoutons donc ce qu'ONF dit de cette gestion de la chasse : « *Elle est indispensable pour assurer l'équilibre entre, d'une part les peuplements forestiers et les cultures riveraines dont la pérennité doit être préservée et, d'autre part, une faune sauvage abondante, variée, de la meilleure qualité possible. Elle permet également de répondre à une demande de loisirs et de contribuer à la valorisation économique de la forêt* »[28]. Ces deux phrases résument parfaitement l'ensemble des principes qui régissent la gestion de la chasse, rendent compte de la nécessité de cette gestion et justifient le tout.

---

26. Tous les renseignements qui précèdent sont empruntés à Wikipedia que nous remercions .

27. Voir www.onf.fr/forêt/dossier/chasse/index.htm (site officiel de l'ONF).

28. *Ibidem.*

Ce passage est tellement riche qu'il demande une petite explication de texte afin d'éviter les contre-sens. Que la gestion de la chasse soit indispensable, c'est ce qui va de soi pour l'ONF et c'est ce que nous contestons dans tout le présent ouvrage. Laissons donc ce point provisoirement de côté. Il faut « *assurer un équilibre* ». Admettons. Mais ce qui est plus que surprenant ce sont les entités entre lesquelles il faut assurer cet équilibre. Il s'agit, d'**un côté** des « *peuplements forestiers et des cultures riveraines* », c'est-à-dire les arbres et les arbustes et ce qui est cultivé, les choux-fleurs ou les carottes, assez près de la forêt et **de l'autre côté** la faune, entendez puisqu'il s'agit de chasse, le grand gibier. C'est là que gît le lièvre si on peut se permettre cette plaisanterie trop facile. Car enfin, s'il faut assurer un équilibre (n'oublions pas le mot « indispensable » qui qualifie la gestion) c'est que sans cette gestion de la chasse l'équilibre serait en péril, voire détruit. Résumons : il y a les arbres et les navets d'un côté, les animaux de l'autre. Comme on voit mal quel tort un pin, un chêne, des carottes, des poireaux et des navets peuvent causer aux cerfs, aux biches et aux chevreuils, ce ne peut logiquement être que l'inverse : les animaux sont un danger pour les plantes et les arbres, c'est-à-dire pour leur milieu naturel !

Nous savons, comme tout le monde que biches, cerfs, chevreuils sont friands des choux-fleurs cultivés en lisière de la forêt, tout comme les merles et les grives raffolent des cerises et les paysans ou les jardiniers ont inventé des moyens de limiter les dégâts. Mais les arbres ? Mais la forêt ? Selon l'ONF, c'est évident, les cervidés causent des dégâts considérables dans nos forêts, ils les mettent en péril s'ils sont trop nombreux d'où la nécessité impérieuse des prélèvements scientifiquement calculés. Pensez ! Les biches mangent les jeunes pousses des arbres, les mâles frottent leurs bois contre les troncs, entre autres, pour marquer leur territoire[29]. Quel désastre !

La fin demande moins d'explications, juste une traduction : les loisirs dont il est question, ce sont les différents types de chasse et la valorisation économique de la forêt ne désigne pas ce que rapporte la filière bois, comme ils disent, il s'agit des profits que l'ONF tire de la chasse scientifiquement gérée. On n'y penserait pas spontanément, mais pour l'ONF « ***La chasse est une production à part entière*** »[30]. Il sera question dans le paragraphe suivant du bail de chasse, de licences dirigées ou guidées. Les licences guidées ce sont ces parties de chasse où le client est accompagné, moyennant finances bien sûr, d'un garde de l'ONF.

Oui, nous disons bien un garde de l'ONF parce que l'ONCFS (Office National de la Chasse et de la Faune Sauvage) a été, (nous ignorons comment dans le détail, mais est-ce important puisque c'est le résultat qui pose problème ?) écarté de tout cela et se retrouve cantonné à des études et expertises.

La différence de statut juridique entre l'ONCFS et l'ONF n'a rien d'un détail. Le premier est un Etablissement Public National Administratif et Scientifique financé principalement par les redevances payées à l'occasion de la validation du permis de chasse, celles payées par les chasseurs étrangers non résidents et par une subvention de l'Etat. Le second est, comme nous l'avons vu, un E.P.I.C. qui doit couvrir l'ensemble de ses dépenses par ses ressources propres. Cette obligation oriente naturellement l'ONF vers des activités **commerciales** rentables, toujours

---

29. Nous reviendrons sur cette question pp. 108, sqq parce qu'il ne s'agit ici que des principes.
30. ONF, Bilan patrimonial des forêts domaniales ; édition 2006, p. 105.

plus rentables ce qui lui vaut l'accusation de rechercher la production à outrance au nom de son *credo* productiviste[31]

Les ressources propres.

Il est évident pour tout le monde que la première (et disons, naturelle) ressource de l'ONF est la vente du bois puisqu'il faut bien couper des arbres pour le plus grand bien de la forêt. Voire ! Parce que l'ONF ne raisonne plus qu'en termes de gestion ne pense plus qu'au profit. On trouve ainsi dans un forum de discussion, sous le titre *Quand profit rime avec tuerie* » ce témoignage d'un « *amoureux de la nature (pas anti-chasse, pas anti-progrès)* » qui se dit « *scandalisé par les agissements de l'ONF* ». Voici ce qu'il dit : « *Beaucoup d'entre vous connaissent (...) la forêt de Tronçais*[32] *(...). Réputée la « plus belles chênaie d'Europe » ses arbres valent une fortune. L'ONF qui gère le massif a (comme tout organisme d'Etat) des objectifs de profit qui ne correspondent pas à ce qu'on est en droit d'attendre d'un organisme d'Etat en charge de la gestion d'un patrimoine national. L'augmentation des volumes de bois à abattre entraîne une diminution des révolutions (période entre la naissance de l'arbre et son abattage). Cela suppose donc la nécessité d'une réussite maximum des jeunes plants et des semis naturels (dont un certain nombre sont évidemment étêtés par les animaux (...) Dans cette logique de profit se justifie naturellement la remarque d'un responsable ONF (en*

---

31. Voir, par exemple, cette dénonciation chez Les Verts. http://lesverts.fr
32. Voir pp. 79 et 120, sqq ..

privé bien sûr) : « *une bonne forêt est une forêt sans animaux* » ; ça ne vous rappelle pas : « *un bon indien est un indien mort* » ? Cette remarque éclaire d'un jour nouveau le discours ONFique sur la gestion complémentaire de la flore et de la faune, ainsi que sur les dégâts en forêt causées par les cervidés[33]. Remarquons que l'intervenant que nous venons de citer pense très sainement qu'il est normal que les animaux mangent les jeunes pousses !

On peut se demander pourquoi l'ONF, entreprise commerciale, ne se contente pas de vendre du bois, même si la gestion de la « filière bois » est loin d'être exemplaire. La réponse se trouve dans son statut même d'EPIC : « *La logique de tout EPIC est de se comporter, dans le cadre de ses missions **comme une entreprise privée** et de couvrir par ses **ressources propres** l'ensemble de ses charges* »[34]. Il faut donc absolument trouver des moyens de dégager d'autres ressources propres parce que, semble-t-il la vente du bois ne suffit pas. Là l'ONF fait flèche de tout bois et ne manque pas d'imagination. Nous verrons plus loin que les ressource propres sont fort diversifiées, qu'elles comprennent des locations de pâturages d'altitude (dans le périmètre des forêts domaniales) aux éleveurs, des baux de chasse, toujours dans les forêts domaniale, des écoles de chasse, de la restauration, de l'hébergement, des excursions (là l'ONF se prend un peu pour le Club Med') et surtout les chasses sous licence ou chasses guidées que nous venons d'évoquer (à ne pas confondre avec ce que rapportent les permis de chasse).

La vérité sort de la bouche de l'ONF : « *Les droits de chasse **sur les terrains domaniaux** sont soit dévolus à l'amiable aux associations locales, soit soumis à*

---

33. Voir plus loin pp. 108, sqq.
34. Avis n° 05-A-06 du Conseil de la concurrence en date du 31 mars 2005, art. 61.

l'adjudication. L'adjudication des domaniaux est une ressource financière importante pour l'ONF.

Toutefois, l'office souhaite maintenir, pour des raisons historiques propres au département des Pyrénées Orientales, la superficie offerte en location amiable aux ACCA et AICA[35] à son niveau actuel, gage d'une chasse associative et populaire ouverte à tous.

Un complément de recette par l'exploitation d'une chasse commerciale en licences guidées ou dirigées vient suppléer en partie le faible loyer consenti aux associations. Sur les réserves de chasse domaniales, la chasse guidée concerne les espèces soumises au plan de chasse et le sanglier »[36].

L'ONF, non seulement loue des terrains appartenant à l'Etat aux associations communales, mais, en plus, organise ces fameuses chasses guidées beaucoup plus juteuses. Si on n'a pas compris que l'ONF est d'abord une entreprise commerciale qui doit donc faire des profits, on ne peut rien y comprendre. Puisque tout se vend ou se loue, il suffit d'un peu d'imagination et d'une conscience assez élastique pour ne pas voir qu'il y a comme une contradiction à ce qu'un organisme d'Etat loue ou vende à certains ce qui appartient à l'Etat[37], c'est-à-dire à tous. L'ONF se comporte exactement comme certains propriétaires de grandes forêts privées qui pratiquent le commerce cynégétique, comme on dit.

---

35. Association communale (ou intercommunale) de chasse agréée. Les chasseurs sont les habitants de la commune, la chasse est pratiquée sur l'ensemble du territoire communal (plaines, parcelles communales et privées, forêt communale. A titre d'exemple la cotisation annuelle de l'ACCA de Labry (54) était fixée pour 2006-2007 à 250 euros. La loi oblige chaque ACCA à mettre 10% de son territoire en réserve pour favoriser la reproduction du gibier.
36. Languedoc-roussillon.ecologie.gouv.fr/docob/FR9101473
37. La justification juridique sera examinée plus loin, p. 145.

Contrairement à ce qu'on pourrait penser, ces recettes n'ont rien de négligeable : en 2001, Bernard Goury, alors Directeur de l'ONF, répond, au Sénat, à une question de L. Poniatowski, le 10 janvier, qu'il évalue les recettes dues à la chasse à 180 millions de francs ; en 2004, ces recettes représentent 40 millions d'euros (soit 7,8% du chiffre d'affaire) ; en 2005, on en était à 41 millions. La chasse, ça rapporte de plus en plus. Et, comme dans une entreprise privée (ou dans la mafia) la gestion étant décentralisée, chacun dans son coin cherche à dégager le plus possible de ressources propres pour être bien noté par sa hiérarchie et pour monter dans ladite hiérarchie. Tel fut exactement le parcours et les motivations de C. dont l'ardeur en ce domaine fut cause de tout notre malheur. Il a commencé par louer Camporeils, puis notre Pla de remplacement[38], enfin il a organisé des chasses guidées dans la réserve. Et alors ce fut la promotion pour lui et la fin des haricots pour nous.

Et les ressources des autres

Vraiment la fin des haricots parce que le sort (ou plutôt la gestion) s'acharnant sur nous, alors même qu'il n'y avait plus d'isards (ou presque plus), une année nous

---

38. C. a donc loué une partie de Camporeils et notre Pla aux propriétaires de moutons. Les deux plateaux se situent dans les P.O. mais il n'a pas pu louer le refuge des isards, le Laurenti qui est en Ariège, là où son collègue ariégeois préméditait d'organiser des chasses guidées et ne voulait donc pas de moutons. Le berger du Pla n'avait pas le droit de sortir de son département.

fûmes même dans l'impossibilité matérielle de monter à Camporeils. Nous étions bien organisés : nous partions très tôt à Camporeils et, comme notre but n'était pas de marcher comme des malades pour le plaisir unique de marcher, nous montions en voiture jusqu'à la barrière de l'ONF. Une explication s'impose : il y a près de 35 ans, le maire du village eut l'idée de faire une route forestière permettant de monter là haut parce que c'est très loin et très haut. Au début, tout allait bien, ceux qui aimaient la randonnée continuaient à monter à pied, d'autres prenaient leur houature avec bobonne, les mômes et la glacière pour casser la croûte au bord des lacs, d'autres, enfin, se servaient de leur véhicule pour aller le plus loin possible, le plus vite possible pour continuer, frais et dispos, et ils « faisaient » les Pérics, puis le Col de l'Homme Mort.

C'est ce que nous faisions et c'est ainsi que nous avons pu approcher des isards en 1972 jusqu'à 17 mètres. Alors, il n'y avait pas encore de moutons, pas de patou. Le paradis quoi !

Mais entre la construction de la route et 1972, il s'était passé quelque chose. Le touriste lambda avait pris goût à ces promenades motorisées tout confort et, comme l'avait prévu le Maire, Camporeils en voiture devint vite l'attraction du Capcir, de la Cerdagne et même au delà. Mais le maire s'était trompé sur un point. Il avait eu cette idée pour donner un peu de souffle aux commerces du village et il avait réussi, mais trop bien. Les jours de beau temps, ce qu'on appelait « le parking », en réalité le haut de la serra qui surplombe Camporeils, comme le héros de *Mon nom est personne*, brillait comme un miroir de bordel et du village on pouvait évaluer à plusieurs centaines les véhicules à essence qui étaient rangés là-haut, serrés comme des sardines. Mais il y avait bien pire. C'est une banalité que de dire que nos contemporains sont bien mal élevés mais c'est vrai. Les lacs à la pureté légendaire furent bientôt ornés de spaghettis flottants et autres détritus, on ne pouvait pas passer derrière un pinatouze sans tomber sur du PQ multicolore, etc.… bref, en quelques années, Camporeils fut transformé en poubelle et les trop rares petits arbres dévastés par des vandales analphabètes qui pensaient pouvoir faire du feu (c'est rigolo de faire un feu !) avec de jeunes branches vertes arrachées ou cassées.

C'était la cata totale et le nouveau maire décida, avec raison, de mettre un frein à la fureur des flots touristiques. Il demanda à l'ONF qui, en ces temps lointains, ne faisait que son boulot dans les forêts, tout simplement de barrer la route de façon radicale : une barrière en fer mais qu'on pouvait lever, coincée entre une paroi verticale et le ravin. Cette barrière était fermée par un gros cadenas pour pouvoir laisser passer les pompiers, les secours, ou l'ONF. Il fallait donc continuer à pieds et marcher, pour atteindre ce qui avait servi de parking, pendant une heure si on fonçait ou une heure et demie si on prenait son temps, à quoi il fallait ajouter une petite demi-heure pour descendre jusqu'aux lacs. Après tout, les touristes qui venaient à la montagne devaient y venir aussi un peu pour marcher au lieu de bronzer idiots à la plage.

Evidemment, il fallait se taper la montée, la descente et retour, mais d'abord et surtout il y eut très vite beaucoup moins de monde parce que bien des gens vont à la montagne, non pas pour se promener ou pour marcher, mais pour faire de la bagnole, surtout bobonne et les gosses. Donc, plus question de bourrer le coffre de la voiture de bouffe et de bouteilles de coca, etc. Camporeils redevint à peu près propre et presque tous le monde (il y avait aussi ceux qui n'avaient même pas le courage de descendre aux lacs) restait au bord de l'eau et n'avait plus la force d'aller plus loin et donc de s'aventurer vers le royaume des isards.

C'est la situation que nous avons connue lorsque nous avons commencé à voir des isards. La marche était un peu pénible à cause du matériel photo qui pesait une tonne, mais nous en avons très vite pris l'habitude. Naturellement, nous regardions avec envie les très rares véhicules autorisés passer la barrière, mais nous approuvions sans restriction l'existence de la barrière parce que nous savions que c'était la sagesse même. Personne ne peut se vanter de nous avoir une seule fois entendus râler.

Mais tout le monde au village ne pensait pas comme nous : il y avait moins de touristes, donc moins de fric et le Maire dut trouver une solution de remplacement ; c'est alors qu'il eut l'idée complètement démente (nous n'expliquerons pas en quoi c'était dément parce que ce n'est pas notre sujet) de faire édifier une station de ski. Ce fut, évidemment, ruineux. Mais, après tout, cela ne nous concernait pas puisque nous ne venions que l'été.

Ce fut un jour funeste que celui où Marc nous apprit que nous étions terriblement concernés. **On** venait de barrer la route **en bas**. Plus question de monter en houature jusqu'à la barrière de l'ONF. On pouvait toujours aller à Camporeils, mais, pendant les vacances d'été, seulement par le remonte-pente. Nous avons dit que le ski était ruineux et il l'était pour tout le monde, y compris pour la station de ski qui ne marchait pas fort du tout. D'où l'idée de rentabiliser le remonte-pente l'été. Nous ne connaissons pas le détail des alliances, des pots de vin, etc. mais nous savons qu'il y eut, à cette occasion, une mystérieuse complicité entre l'ONF et la Régie de la station. Il semble qu'il y avait des rapports entre les ressources des deux.

Mais nous nous en contrefichions parce que nous ne pouvions plus du tout essayer d'aller voir nos isards. Avant, nous partions en houature avant l'aube, ce qui nous permettait d'être à pied d'œuvre vers huit heures et demie. Or, la station ouvrait à 9 heures et le remonte-pente déposait 25 minutes plus tard la viande qu'il avait transportée un peu en dessous de l'ancienne barrière de l'ONF. Le temps de faire le chemin habituel à pieds, nous ne pouvions pas être en haut assez tôt pour avoir la moindre chance de voir un seul isard. Pareil pour l'isard du soir, la dernière descente était à 5 heures donc trop tôt. C'était foutu, complètement foutu. Nous étions complètement désespérés.

Vous devez penser qu'il y a là dedans un peu de mauvaise foi : pourquoi être désespérés alors que, depuis l'année terrible, nous étions plutôt en panne d'isards ? C'est que l'espoir fait vivre et que nous espérions encore, surtout au moment où Marc nous apprit la nouvelle catastrophique : nous venions juste d'arriver et nous nous disons qu'on ne peut pas toujours avoir la poisse, un an avait passé et il peut s'en passer des choses en un an. Nous rêvions que les moutons avaient changé de crèmerie, que la maladie avait peut-être existé mais que les isards étaient guéris, qu'ils avaient repris leurs bonnes vieilles habitudes, qu'ils étaient revenus ou que d'autres étaient venus, etc. D'ailleurs, nous passions à peu près deux mois là-haut et nous avions remarqué que c'était au tout début juillet que la chance nous souriait un peu. Alors, nous repartions du bon pied. Mais là, c'était complètement fichu avant même une première tentative ! C'était à pleurer et nous avons sérieusement envisagé de rentrer tout de suite à Paris puisque, depuis tant d'années que nous arpentions la région dans tous les sens, nous n'avions vu d'isards qu'à Camporeils et qu'il était impossible d'y monter.

Heureusement nous n'avons pas une trop mauvaise nature. Nous sommes têtus comme des mules et nous croyons aux bienfaits de la réflexion. Nous avons retourné le problème dans tous les sens pendant plusieurs jours, nous avons aussi étudié les cartes dans le moindre détail. C'est alors que l'une de nous se souvint tout à fait par hasard d'une très longue balade en 2CV avec un copain sur une sorte de piste qui montait drôlement, pleine de trous et de cailloux, qui menait à un plateau désertique, à l'est de Camporeils, de l'autre côté de la vallée. Sans trop d'espoir et sans le dire à personne, nous avons cherché le chemin qui était très vaguement indiqué sur la carte et, passons les péripéties, c'est ainsi que nous avons découvert notre Pla, avec son vrai berger sans patou qui faisait chômer ses moutons à l'ombre des arbres, nettement en dessous du Pla, là où on peut voir « des animaux sauvages, des isards qui n'aiment pas les moutons ». Ouf ! Sauvés de justesse.

Il ne faudrait pas croire, avec cette histoire de route barrée en bas, que nos ayons, sur ce point précis été victimes d'une méchanceté particulière. Dans les Pyrénées, faire du ski demande de la chance, c'est-à-dire de la neige. Comme certaines années il ne tombe pas un flocon, toutes les stations se sont dotées de canons à neige. Tout le monde sait que ce genre d'équipement coûte cher. Avant les canons à neige, les finances communales étaient déjà en piteux état, après, c'est devenu catastrophique. Et voilà pourquoi, partout où il y a des remontes pente, les routes forestières (et même des routes non forestières) sont barrées en bas pendant toutes les vacances d'été afin d'obliger les touristes, qu'on prend vraiment pour des gogos, à prendre les fameux remontes pente, donc à casquer. Le plus souvent, les routes ou pistes de montagne mènent à des lacs, comme aux Bouillouses, et bien des pères de famille viennent y pêcher. Alors, peu importe que le point d'arrivée du remonte-pente se trouve à deux heures de marche du lac, le pêcheur et sa famille sont priés de devenir randonneurs, que ça leur plaise ou non ; Bien sûr, le jour de la rentrée des classes, on ouvre les barrières. Par mimétisme, sans doute, maintenant on barre toutes les routes, même s'il n'y a pas de ski. Et c'est toujours l'ONF qui se tape le boulot. Allez donc savoir pourquoi.

Le résultat de cette géniale stratégie ne s'est pas fait attendre longtemps : les vacanciers sont tous mécontents, les pêcheurs comme les chercheurs de champignons et même ceux qui ne sont ni l'un ni l'autre et pour qui le bonheur consistait à aller faire une ballade en auto, à sortir la glacière, la table et les fauteuils pliants pour déjeuner, souvent en plein soleil, tout contre le véhicule, le long de la route. A part les champignons, ce n'est pas du tout notre tasse de thé, nous avons même horreur et de la pêche et des pique-niques mais nous pensons qu'il faut laisser à chacun ces plaisirs innocents, qu'il est particulièrement stupide de ne penser aux touristes **que** pour les rançonner. Que fait le vacancier pas très riche (sinon il irait à la plage) qui ne peut même plus partir pêcher avant l'aube ou se promener en houature sous prétexte de faire cueillir des framboises par les enfants ? Il ne vient plus. La raréfaction du client chez les commerçants de tous poil faisant monter les prix, tout compte fait, il va à la mer et ces petits villages autrefois charmants et pleins comme des œufs se vident de leurs autochtones mêmes. Quand on est con, on est con, comme disait le poète.

Chapitre 2

Langue de bois

Bref, l'ONF, pour augmenter ces indispensables ressources propres fait de la chasse une activité commerciale comme les autres donc rentabilise la chasse et marche main dans la main avec les chasseurs : tout cela semble vraiment énhaurme. N'importe qui est d'abord choqué, et pas seulement surpris, lorsqu'il apprend que les gardes de l'ONF ne sont pas là essentiellement pour courser les braconniers, pour surveiller les chasseurs, mais que leur rôle officiel est surtout d'aider, de guider, de chouchouter les chasseurs moyennant finances. En plus, tout le monde, loin de là, n'est pas chasseur et, fondée ou non, la réputation de la chasse n'est pas très bonne : on ne chasse plus par nécessité pour manger, la chasse est devenue un loisir et nombreux sont ceux qui jugent ce passe-temps sauvage, barbare, cruel puisque le chasseur tue pour le plaisir de tuer.

L'anecdote suivante rapportée par le Rassemblement Anti Chasse explique cette idée qui peut sembler simpliste et réductrice : «*Pour la petite histoire, les chasseurs en gérant, déterminent le nombre de bêtes en trop, mais lorsque (c'est arrivé dans mon village) le camion du boucher a écrasé deux jeunes sangliers, le garde fédéral a demandé aux chasseurs « voulez-vous les manger, en ce cas, on les déduit de votre nombre autorisé, ou préférez-vous qu'on les enterre ainsi vous aurez droit au quota prévu ? »* **Les chasseurs de répondre : « On les enterre ! » Ainsi ils** *gardaient le droit d'en tuer encore selon le quota prévu !* »[39]

Déjà, Rousseau notait dans *Les confessions* que « *La chasse endurcit le cœur aussi bien que le corps ; elle accoutume au sang, à la cruauté* ». Il faut donc lui trouver d'autres justifications pour la rendre acceptable par les âmes sensibles que nous sommes. Là, le monde de la chasse fait preuve d'une imagination très fertile. Pour résumer, la chasse aurait aujourd'hui une double fonction **écologique** : il est non seulement **utile** mais aussi **nécessaire** de tuer du gibier pour une raison fondamentale : **il y en a trop**, ce qui entraîne une kyrielle de conséquences déplorables, au premier rang desquelles, ce qui est le vrai *Credo* de l'ONF, des chasseurs et des écolos, d'abord **l'absence de prédateurs naturels** va rendre, à terme, la situation absolument catastrophique : on est au bord de la pullulation, ensuite ces gigantesques concentrations d'animaux sont très néfastes aux animaux eux-mêmes et risquent, paradoxalement, de les faire disparaître à cause des méfaits de **la consanguinité**. Il y a péril en la demeure.

Nous développerons plus loin ces deux arguments qui se présentent comme scientifiques, puis nous les réfuterons sérieusement tout simplement parce qu'ils sont complètement faux. Ce n'est pas parce que chasseurs et gardes serinent cette ineptie à longueur de journée et affectent de considérer ceux qui ont des doutes comme des simples d'esprit que c'est vrai. Il ne faut surtout pas oublier les ressources propres et l'intérêt des chasseurs.

---

39. www.antichasse.com

Le rôle des chasseurs : protéger le gibier

L'argument principal des chasseurs de tout poil, quelles que soient leurs proies, est bien connu parce qu'il traîne partout et qu'il prétend concilier dans le meilleur des mondes (tout court) la chasse et la protection des espèces sauvages. On peut aisément le résumer ainsi : il est impératif de faire des prélèvements calculés scientifiquement, comme on l'a vu, précisément pour le bien des espèces en question. Pensez ! S'il n'y avait pas ces prélèvements dus à la Providence cynégétique, il y aurait pullulation, ce qui mettrait l'espèce en question en danger et d'autres avec elle (sans parler ici des dégâts collatéraux). Et tout le monde de répéter « il y a trop de … » le complément est au choix et tous ceux qui aiment se promener en forêt peuvent sans doute témoigner du grand nombre de cerfs, de biches, de chevreuils qu'ils rencontrent quotidiennement à chaque croisée des chemins…

Nous ne sommes nullement des adorateurs de Déesse nature et nous ne partageons pas le principe aristotélicien qui veut que la nature fasse toujours bien les choses (malgré quelques rares erreurs comme les monstres, par exemple). Nous pensons très platement que ça dépend : parfois la nature fait bien les choses et alors il faut la laisser faire, parfois, elle les fait mal et alors il convient de la corriger, de l'améliorer, de la contrarier. Sur ce point aucun dogmatisme n'est acceptable.

Mais revenons à ce sacro-saint équilibre écologique qui nécessiterait l'intervention musclée de l'ONF pour exister. Est-il si évident que, sans la chasse, les animaux sauvages pulluleraient ? Il existe, là où la main de l'homme n'a jamais mis le pied, certaines pullulations, comme certaines espèces qui disparaissent, par exemple dans les fonds marins très profonds. Faisons semblant d'admettre (parce que nous ne l'admettons pas) que, sans la chasse, il y aurait trop de cerfs et de biches parce que l'homme a toujours chassé ce gibier dont il serait le prédateur presque naturel (il faut remarquer qu'on ne nous sert jamais ce type d'argument pour les faisans : ceux qu'on chasse sont d'élevage et lâchés dans la nature quelques jours avant l'ouverture ; *idem* pour les truites). Mais nos isards ? Quel était donc le prédateur naturel des isards ? Les isards vivent très haut dans des endroits inaccessibles : la Réserve Nationale d'Orlu, la grande réserve d'isards en France se trouve au plus profond de l'Ariège et, sauf de date récente, les randonneurs de niveau moyen ne pouvaient y accéder tellement c'est éloigné des routes et des chemins. Ne nous dites pas que l'ours, le loup et l'aigle sont les prédateurs naturels et habituels des isards : non seulement il n'y a plus de loups ni d'ours depuis des lustres, mais encore, à notre connaissance, ni le loup ni l'ours ne vivent dans les gorges de l'Ariège et ni l'un ni l'autre n'est assez rapide pour battre un isard à la course ; quand au petit isard encore un peu jeune et inexpérimenté il lui suffit de quelques bonds pour se mettre à l'abri en haut d'un piton. Un ours ou un loup peuvent tout au plus tuer un isard malade, blessé ou trop vieux. Mais ce dernier serait mort de toute façon. Pour l'aigle, c'est une question de poids. Il peut s'attaquer victorieusement à un tout petit isard. Point. Il préfère d'ailleurs de loin les marmottes qui sont plus à sa mesure. Alors, par quel miracle n'y avait-il pas des isards partout avant la chasse scientifique ? Nos prétendus savants auraient-ils oublié quelque chose dans leurs raisonnements tordus ?

Leur oubli est tellement incroyable qu'il laisse muet : c'est tout simplement, excusez du peu, la **sélection naturelle** darwinienne. C'est sans doute un peu trop compliqué pour leurs cervelles étroites et bornées. Darwin explique très clairement, de façon entièrement déterministe donc causale, sans prêter à la nature un quelconque projet que dans toutes les espèces vivantes (sans oublier les plantes) la règle est non pas la survie de l'individu qui est l'exception mais l'élimination, la destruction. C'est la fameuse concurrence vitale qui règne dans la nature mais non chez l'homme qui appartient à la culture ; et, comme il le remarque fort bien, cette concurrence joue non seulement entre les individus de la même espèce mais aussi entre les espèces qui sont en rivalité, pour la nourriture, par exemple.

C'est que la vie de l'isard n'est pas facile. Son royaume est celui de la neige et de la glace. Où trouver de quoi croûter quand il n'y a plus d'herbe ? Il doit se contenter de l'extrémité encore un peu tendre des branches, de ce qui reste des arbustes et des jeunes arbres et de lichens. Fin juin, alors que la bonne petite herbe du printemps est là depuis plusieurs semaines, il est maigre à faire peur, on compte les côtes des femelles. Aussi passe-t-il la belle saison à faire des provisions pour pouvoir passer l'hiver. Si l'hiver est rude, beaucoup meurent de froid, s'il est long, bien des petits ne survivent pas. Telle est la dure loi de la nature ; alors, si en plus les moutons viennent leur faucher l'herbe sous le sabot aidés par les satanés patous qui les obligent à se réfugier dans les éboulis là où il n'y a rien à manger et si les chasseurs s'en mêlent, il n'est pas étonnant de les voir tout simplement disparaître.

Pour le dire rapidement, la sélection naturelle peut se résumer ainsi : *dura lex sed lex*. Il n'est pas nécessaire d'en rajouter. D'ailleurs, quand on laisse jouer la sélection naturelle qui ne fait pas si mal les choses pour les isards, comme dans la Réserve Nationale d'Orlu, domaine d'étude dévolu à l'ONCFS (et non à l'ONF comme par hasard), réserve où il n'y a ni moutons ni patous et surtout où la chasse est strictement et totalement interdite, les isards se portent bien et leur nombre est suffisant pour qu'on puisse aller en capturer par centaines pour, et c'est dit comme cela, repeupler les zones où ils risquent de disparaître. Comme par hasard, ce sont toujours des zones où l'on chasse. Vous direz que cela part d'un bon sentiment et qu'il faut savoir partager. Mais cela n'arrange pas nos bouchons à nous : nos isards, si nous pouvons parler ainsi, nous les filmions, nous l'avons dit, sur de hauts plateaux toujours proches de la réserve d'Orlu. A moins de se perdre (oui, ça arrive) dans le brouillard, l'isard, peut-être rendu méfiant pas l'expérience, sort de sa réserve bien aride, à la fin du printemps et en été pour manger la bonne petite herbe toute neuve et pour se shooter à la réglisse, pour se réchauffer au soleil aussi après une bonne nuit glaciale, mais il ne s'éloigne jamais beaucoup de son refuge et, à la moindre alerte un peu sérieuse, à la vitesse de l'éclair, il rejoint ses pénates. En temps normal, après s'être bien chauffé et bien régalé, même si rien ne le dérange, vers midi ou 1 heure, il regagne aussi son lieu d'origine, mais là, non pas comme une flèche, mais au pas lent des caravanes en suivant ses sentiers tracés par les passages quotidiens, sagement les uns derrière les autres à l'exception des goinfres retardataires parce qu'il leur reste une petite faim. Et c'est fini jusqu'à la fin de l'après-midi pendant que les infatigables randonneurs marchent comme des malades sans voir la queue d'un isard.

En quoi, demandez-vous, cela n'arrange-il pas nos bouchons ? C'est tout bête : il en est des isards comme de beaucoup d'animaux et d'hommes : ils n'ont pas tous le même tempérament ni le même caractère. Il y a les téméraires, les curieux, les audacieux et aussi les timorés et les trouillards. Ce sont bien sûr les premiers qui ont le plus tendance à sortir de la réserve à la recherche de la bonne petite herbe et de la réglisse. Les autres les suivent plus ou moins selon leur humeur. Si plusieurs centaines d'isards sont capturés dans la Réserve Nationale pour aller se faire canarder ailleurs, par définition, il y en a moins dans la Réserve et donc moins qui éprouvent le besoin d'en sortir et de venir à notre portée d'objectif.

Avant que la pseudo science ne s'en mêle, malgré les chasseurs et les braconniers, il y avait des isards, pas partout bien sûr, pas sur la place du village, mais les chasseurs connaissaient les endroits propices et cette bonne vieille tradition pouvait perdurer comme on dit aujourd'hui, sans histoires de bracelets et autres quotas, il ne serait venu à personne l'idée grotesque et farcesque de transporter des isards par hélicoptères entiers et il était relativement facile d'en voir et même possible de les approcher un peu. Ce que nous voulons dire par là, c'est que la nature ne faisait pas si mal les choses, que, pour les isards au moins (ce n'est pas toujours le cas, répétons-le) la sélection naturelle était plutôt un bon régulateur, en un mot qu'il **n'y avait pas de problème.**

C'est précisément ce qui était inacceptable : s'il n'y a pas de problème, il n'y a pas de solution à apporter, il n'y a rien à gérer et les technocrates, bureaucrates et autres apparatchiks de l'ONF sont bien incapables de justifier leur existence et leurs fromages. Il est donc impératif pour l'ONF de dire qu'il y a non pas un mais des problèmes, des problèmes graves en plus et que l'ONF est là pour les gérer.

La question qui se pose maintenant est de savoir comment l'ONF qui a réussi (on a vu comment) à s'imposer dans la gestion cynégétique au lieu de s'occuper des forêts a également réussi à faire passer la pilule qui est tout de même énorme : la chasse est nécessaire parce que tuer est bon pour les espèces sauvages. Ici, le problème n'est plus logique mais idéologique et, comme nul ne l'ignore, l'idéologie est toujours dominante, par définition. Et tout le monde s'y met. Pour défendre le beefsteak de l'ONF, tous les arguments sont bons. On peut les classer en deux rubriques qui se trouvaient d'ailleurs dans le mémoire de C : la chasse est un loisir **démocratique** (qui oserait ne pas défendre la démocratie ?) et la chasse est **écologique**.

La chasse est démocratique

Devinez un peu de qui émane une « proposition de loi visant à réformer et à simplifier le droit de la chasse » au nom de la démocratie et de la liberté ? Les chasseurs ayant plutôt la réputation de ne pas être spécialement de gauche, on aurait tendance à parier que cette proposition vient d'un député de la droite, plus ou moins extrême. Si vous avez fait ce choix, vous avez perdu ! Devinez un peu pour voir ! Vous ne trouverez jamais : ce texte a été présenté par Maxime Gremetz (au nom du PCF) en personne, le 13 février 2003. L'exposé des motifs commence sur un ton quasi dramatique :

« Mesdames, Messieurs, la France rurale et les 1 400 000 chasseurs sont en émoi. La loi sur la chasse du 26 juillet 2000 était censée apaiser les tensions et supprimer les difficultés qui assaillent depuis des lustres une **activité ancestrale**[40], loisir de très nombreux français dont beaucoup parmi les plus **modestes** (…) ». Le but est « d'alléger la vie du chasseur et provoquer un réel changement dans la gouvernance de **la chasse démocratique et populaire** telle qu'elle nous est enviée partout en Europe. » Les chasseurs sont donc des victimes qu'il faut défendre d'abord parce que leur activité est ancestrale ; on connaît le refrain, mais est-ce un argument ? Tout ce qui

---

40. Souligné par nous.

est ancestral n'est pas bon et il est pour le moins cocasse de trouver ces propos dans la bouche d'un admirateur de la Révolution : les privilèges hérités des Francs, la torture, l'intolérance, la xénophobie, la guerre, étaient ancestrales à l'époque de Voltaire ! Que la chasse soit démocratique et populaire demanderait des nuances. Mais tant qu'on y est, c'est aussi le cas du loto. Maxime Gremetz oublie un peu vite ce qu'on appelait la conscience de classe et l'idéologie.

Maxime Gremetz n'est d'ailleurs pas le seul à oser se servir de tels arguments : tous les candidats (ceux qui comptaient) à l'élection présidentielle, serinaient la même ineptie : il faut défendre les chasseurs au nom de la République parce que la chasse pour tous est une des grandes conquêtes égalitaires de la Révolution Française. Vous reconnaissez quelque chose de connu, quelque chose que vous avez appris à l'école, n'est-ce pas ? Bon Dieu ! Mais c'est bien sûr ! Les cahiers de doléance, la nuit du 4 août, l'abolition des privilèges ! Mais oui, sous l'Ancien Régime, seuls les nobles avaient le droit de chasser, les manants ne faisaient que braconner et étaient très sévèrement punis s'ils se faisaient prendre (vous vous souvenez seulement, comme nous, que les châtiments étaient horribles). Et vous vous souvenez d'avoir appris que les serfs mourraient de faim pendant que les seigneurs dévastaient leurs champs en les traversant pendant la chasse à courre, vous vous souvenez du fauconnier, etc. Et, de fait, l'une des revendications qui revient régulièrement dans les cahiers de doléances concerne ce privilège qu'était la chasse. Grâce à la nuit du 4 août, tous les citoyens sont désormais égaux, tous peuvent chasser.

A-t-on, pour autant le droit de présenter la chasse comme une conquête de la Révolution **aujourd'hui** ? Non, parce qu'il y a une grosse omission là-dessous : Les nobles chassaient pour se divertir (même au sens pascalien du terme si vous voulez) mais aussi pour se régaler et régaler leur cour du gibier. Il n'y a qu'à lire les descriptions détaillées de banquets que donne Rabelais qui en connaissait un rayon pour s'en convaincre. Si le peuple revendiquait le droit de chasser, c'était, non pour se distraire mais pour moins crever de faim ! Aujourd'hui, heureusement, ce n'est plus le cas (il y a d'ailleurs des chasseurs, comme notre ami Marc, qui ne mangent jamais de gibier parce qu'ils n'aiment pas cela). Mais il ne faut pas s'arrêter là : la chasse telle qu'on la pratique en France aujourd'hui est-elle réellement démocratique ? A peu près si on s'en tient à ceux qui paient seulement leur permis de chasse, leur cotisation à l'A.C.C.A et leur matériel.

Mais il y a le reste (si on ne parle pas des domaniaux loués aux A.C.C.A), les **fameuses chasses guidées de l'ONF dans les forêts domaniales** dont on a vu qu'elles contribuaient de façon substantielle aux « ressources propres ». Tout le monde n'a pas les moyens de se payer une journée de chasse à 1500 euros ! Et même dans ces chasses guidées et encadrées, il y une hiérarchie du fric. Par exemple, comme on l'a vu plus haut, il y a ceux qui acceptent de payer le tarif plein et qui ont droit aux meilleurs postes, mais il y a aussi les autres qui se font traiter de radins effroyables par les premiers, ceux qui, moyennent un gros rabais n'ont pas le droit de tirer en premier, sont mal placés, mais ont le droit de tirer le gibier manqué. Il y a aussi les petits arrangements entre amis : si on s'inscrit plusieurs fois (ce qui commence à faire beaucoup d'euros) on à droit à une rallonge, une sortie gratuite, quoi. Et puis il y a la chasse de super luxe, celle de ceux que nous appelions les « émirs » et qui sont, le plus souvent, espagnols. Là c'est le grand secret, c'est aussi fermé que la franc-maçonnerie mais on nous a glissé dans le creux de l'oreille que certains nababs se payaient des isards à plusieurs milliers d'euros **pièce** ! Aller parler d'égalité après ça, c'est purement se simplement se moquer du monde.

Quant aux propositions de Maxime Gremetz, elles concernent essentiellement le statut juridique de l'ONCFS qui intégrerait les compétences de l'INRA, du CEMAGREF, du MUSEUM et du CNRS. Tu parles d'une simplification ! En revanche on trouve deux propositions d'un tout autre ordre : « **La suppression du mercredi sans chasse** s'impose comme la première décision à adopter par le Parlement. Cette disposition est vécue dans les campagnes comme une **atteinte à la liberté** et comme imposant une **discrimination** totalement injustifiée ». Pourquoi un jour sans chasse[41] dans la semaine ? Ben tout simplement pour permettre aux potaches qui n'ont pas école le mercredi de pouvoir aller jouer dans la forêt sans être pris pour des sangliers. C'est pour la même raison que la Fédération Rhône-Alpes de Protection de la Nature, au nom des 98% de non chasseurs de l'Isère, ont lancé le 27 mars 2006 une pétition demandant un deuxième jour sans chasse, le samedi ou le dimanche pour que les « promeneurs, sportifs, naturalistes, jeunes et moins jeunes [puissent] exercer leur activité dans la nature, sans ce sentiment d'insécurité qui aujourd'hui gâche les sorties dominicales ». Et la liberté des promeneurs alors ?

De façon péremptoire, Maxime Gremetz ajoute : « La pérennité de la chasse de nuit au gibier d'eau doit être assurée ». Mais comme le note judicieusement le Rassemblement Anti Chasse[42], « Depuis 1844 (plus de 150 ans), dans le Code rural, était inscrite l'interdiction de la chasse

---

41. La loi de juillet 2000 sur la chasse instaurant le mercredi comme jour sans chasse a été annulée par la loi de 2003 qui laisse le Préfet décider s'il y aura un ou plusieurs jours sans chasse et qui choisit le (ou les) jours concernés. Parfois, il n'y a aucun jour sans chasse.
42. www.antichasse.com

de nuit. Dans aucun autre pays d'Europe, la chasse de nuit n'est autorisée. Or, depuis l'an 2000, tirer la nuit sur les oiseaux à partir d'une hutte est autorisé par la loi ! Une étude a démontré que, même de jour, sur 100 oiseaux tirés, les chasseurs se trompent 20 fois et tuent des espèces protégées. La nuit, c'est forcément pire. Les chasseurs de gibier d'eau sont 300 000 en France. **Le débat à l'Assemblée du 17 juillet 2003 supprime les mercredis sans chasse, étend la chasse de nuit aux oiseaux d'eau à 28 départements (auparavant 21 départements), autorise les tirs nocturnes de sangliers en Alsace**[43] ».

Il est peut-être compréhensible qu'un parti politique souhaite ratisser large mais de là à voir le PCF chasser sur les terres de Chasse, Pêche, Nature et Tradition, il y a une contradiction qui n'a rien de dialectique et qui ferait tourner en bourrique n'importe quel individu normalement constitué. La démagogie a tout de même ses limites

La chasse est écologique

La géniale et très vicieuse invention de l'ONF et des chasseurs a été de faire entrer à coup de marteau dans le crâne du pauvre citoyen lambda cette ineptie : **la chasse est écologique.**[44]. On a vu que l'ONF ne pouvait pas se

---

43. Souligné par le Rassemblement Anti Chasse.
44. Le 15 août 2007, au JT de 20 heures sur Antenne 2, il y avait un minireportage sur la chasse en baie de Somme. On y voyait (c'était le dernier plan) un chasseur tout fier d'avoir tué un vaneau huppé (un petit limicole tout à fait charmant qui tenant tous entier dans sa grosse paluche). Et la présentatrice de conclure, avec un grand sourire, en disant à peu près ceci : tout chasseur est un amoureux de la nature. Tu parles !

contenter de s'occuper de ses oignons, la forêt, mais qu'il devait assurer l'équilibre entre (pour aller vite) la forêt et la faune, ce qui permet à l'ONF d'affirmer comme s'il s'agissait d'une évidence que « La gestion cynégétique fait partie intégrante de la gestion forestière[45] » ; et on n'a pas oublié l'importance des ressources propres. Le seul ennui, c'est que le chasseur reconnaîtra sans aucun problème qu'il tue le gibier pour le plaisir de tuer, mais que va en penser celui qui ne chasse pas, la majorité donc ? Il a fallu fabriquer un argumentaire pour convaincre de cette contre vérité : tuer est bon pour le gibier. Et alors là, tous les arguments sont bons et on n'hésite pas à faire flèche de tout bois et à tout mélanger : la surpopulation, la pyramide des âges, les dangers génétiques, les dégâts causés par les cervidés, les maladies, les espèces nuisibles, la nouvelle philosophie des réserves, l'élevage en attitude, la réintroduction de l'ours, le patou, les loups, etc. tous cela pour justifier la gestion de la chasse par l'ONF c'est-à-dire les fameuses ressources propres. Mais le dire de façon aussi crue risquerait de choquer. Et la beauté du geste alors ? Et la noblesse du chasseur qui tue pour le bien de tous, en permettant à nos belles forêts d'être l'asile d'une faune sauvage de qualité, en bonne santé, équilibrée pour longtemps ? Et la nécessité d'une gestion durable comme on dit aujourd'hui ? On ne va tout de même pas ramener tout cela à une histoire de gros sous !

---

45. www.onf.fr/foret/dossier/chasse

Tous les arguments sont bons : il y a trop d'isards

Il est absolument sidérant de constater la prégnance de la propagande ONFique qui a réussi, y compris en pratiquant l'auto-intoxication, à persuader à peu près tout le monde à force de sophismes, de contre-vérités inlassablement répétés. D'abord, c'est une évidence que tout le monde peut constater : il y a trop d'isards, c'est un **fait**, donc, pour leur bien, il faut en tuer. Nous pouvons témoigner : nous traînons nos guêtres dans ce coin des Pyrénées depuis près de trente ans. On nous avait bien dit qu'il y en avait mais nous n'y croyions pas vraiment. Il y a très très longtemps, l'une de nous avait bien entraperçu un bébé isard perdu (comme elle) dans un épais brouillard. Mais il a fallu attendre 20 ans et le hasard de l'étang du Canard pour commencer à nous faire changer d'avis. D'ailleurs, connaissez-vous des gens qui ont fait autre chose que d'en voir (si on peut dire voir) furtivement ? Même chose pour les cerfs, les biches, les chevreuils. Si on a le courage de se lever très tôt, ou si on a beaucoup de chance, on est tout content d'avoir vu passer sur la route forestière une ou deux de ces magnifiques bêtes. Et cela n'arrive qu'une ou deux fois en deux mois de vacances ! Mais peu importe la réalité, peu importe que les promeneurs et les randonneurs considèrent tous que voir des chevreuils, croiser un cerf, apercevoir une harde d'isards est une chance trop rare, il **faut** qu'il y en ait trop pour que la chasse soit nécessaire à la préservation de l'équilibre.

C'est certain : on les compte

Au fait, comment le sait-on avec une certitude et une précision telles que le plan de chasse permet de déterminer à l'unité près le nombre d'animaux à « prélever » ? C'est tout bête. Avant l'ouverture de la chasse, il y a le fameux jour du comptage. Là, tout le monde est sur le pied de guerre armé de ses meilleures jumelles. Mais qui compte ? Naturellement, les gardes de l'ONF, **mais aussi et surtout les chasseurs.** Comme quoi on peut très bien, sans que cela choque qui que ce soit, être à la fois juge et partie. Il y a tout de même un petit problème technique : comment savoir qu'on n'a pas compté deux fois, ou trois ou quatre la même bestiole ? Quand on se souvient que les isards ne sont pas grands (70 cm au garrot) ce qui fait qu'on ne saura jamais si celui qu'on voit sortir de derrière un pinatouze n'a pas déjà été compté) et surtout quand on connaît leur rapidité et leur agilité sidérantes, on mesure la difficulté de la chose. En plus il y a les mensonges, il a fallu trois ans pour que le résultat du comptage soit tellement désastreux qu'on doive décider d'arrêter la chasse pour 3 ans, ce qui ne changeait d'ailleurs pas grand-chose : il est, par définition impossible de tuer ce qui n'est pas là. Mais les chasseurs sont des champions : « une ACCA ose affirmer qu'il y a 204 lièvres sur son territoire[46] ». Quelle précision diabolique ! On est scientifique ou on ne l'est pas. Et que dire des autres cervidés ? Un copain nous a une fois convaincus d'aller passer 15 jours en Brenne « où il y a beaucoup de cervidés » ; lui aussi fait des photos. Mais rien à voir avec les isards : il faut se poster, juste avant le crépuscule de l'aube à des endroits bien précis, toujours à la lisière de la forêt, et là, dans la pénombre on devine quelques ani-

---

46. www.antichasse.com

maux, magnifiques sans doute, qui se hasardent quelques secondes, pas plus, hors de l'obscurité, même chose au crépuscule du soir. Du coup, nous avons trouvé un surnom pour notre copain : Duloin. Tout le reste de la journée, donc pendant toute la journée, ils restent cachés dans l'ombre épaisse. Nous voudrions bien savoir comment on les compte ceux-là ! Même chose pour les sangliers[47]. Donc ces fameux comptages qui servent de base scientifique à l'établissement du plan de chasse, c'est l'âge du capitaine. Il est pourtant très impératif de remplir le plan de chasse : lorsque les prélèvements n'ont pas été assez importants, avant la fermeture de la chasse, on dépêche des gardes de l'ONF pour le compléter. Pensez donc ! Quelle catastrophe si quelques animaux avaient échappé au destin que la science leur avait fixé, c'est tout l'équilibre qui serait détruit, l'espèce menacée, la chasse elle-même en danger puisqu'on tomberait dans le cercle infernal : surpopulation donc maladies, et apparition de tares génétiques. On prétend savoir avec précision combien d'animaux ont été tués grâce au précieux système des bracelets. Mais on feint d'oublier le braconnage (car il faut bien remplir le congélateur), toutes les bêtes seulement blessées qui ont pu se sauver mais ne survivront que rarement et celles qui ont été tuées mais qu'il a été impossible d'aller chercher : un isard qu'on tire sur une crête n'a pas toujours le bon goût de tomber du bon côté, et puis il y a les ravins, etc.

---

47. Dans certaines régions le sanglier est, lui aussi, soumis au plan de chasse.

On les compte partout

On dira que nous exagérons, que le grand gibier, comme on dit, a tout de même ses chances. Les animaux, c'est indiscutable, au moins pour les animaux supérieurs ont quelque chose qu'on peut nommer instinct ou mémoire. Peu importe le mot, on ne sait pas ce que c'est et un mot n'est pas une explication comme l'a très clairement expliqué Condillac[48] à propos de l'instinct. Tout le monde a remarqué que vers la mi-août ces animaux ont une très nette tendance à ne plus trop se hasarder hors des réserves. Nous ne parlons pas ici, bien sûr, des réserves communales ou intercommunales[49] mais des réserve domaniales qui se trouvent précisément dans les forêts domaniales, donc qui appartiennent à l'Etat et sont gérées par l'ONF. Et c'est tout naturellement que l'ONF écrit : « L'Office National des Forêts, en tant que gestionnaire des forêts domaniales (...) assure l'encadrement de la chasse en forêt domaniale ; cet encadrement se fait le plus souvent en contractualisant avec des chasseurs le droit de chasse sous forme d'un **bail**[50] de chasse, mais parfois l'ONF gère directement la chasse sur certains territoires domaniaux sous forme de **licences dirigées ou guidées**[51] ». Alors que la chasse dans les ACCA est une « chasse associative et populaire ouverte à tous », la chasse guidée est réservée à ceux qui peuvent se la payer. Ainsi « Un complément de

---

48. *Traité des animaux*, II, chap.5.
49. Ce qu'on nomme « réserve de chasse » recouvre des réalités très diverses, depuis les ACCA qui relèvent des communes) jusqu'aux Parcs naturels régionaux ou nationaux ou les Réserves Nationales comme celle d'Orlu qui relèvent de l'ONCFS. Nous avons volontairement simplifié.
50. Souligné par nous.
51. www.onf.fr/foret/dossier/chasse

recette par l'exploitation d'une chasse **commerciale** en licences guidées ou dirigées vient suppléer en partie le faible loyer de location consenti aux associations. Sur les réserves de chasse domaniale, la chasse guidée concerne les espèces soumises au plan de chasse et le sanglier ». C'est aussi cela la « valorisation économique de la forêt et on retrouve les « ressources propres » *alias* chasse des nababs[52].

Bien sûr, les défenseurs des réserves trouveront que ce n'est pas un argument et que le rôle de l'ONF n'est pas de promouvoir le tir à l'arc. Qu'à cela ne tienne, les arguments sont tout prêts. La chasse guidée fait partie intégrante du rôle de l'ONF puisque ce dernier doit « assurer l'équilibre entre, d'une part, les peuplements forestiers (...) et, d'autre part une faune sauvage abondante, variée et de la meilleure qualité possible [53] ».

Contrairement à ce qu'un vain peuple peut croire, il faut, certes, protéger la faune, mais surtout ne pas oublier l'**équilibre** qui suppose qu'il faut aussi protéger les arbres et tout ce qui compose une forêt **contre** la faune.

Les cervidés sont cause de nombreux dégâts en forêt

Lorsque nous disions que tous les arguments étaient bons, nous n'exagérions pas. L'une des raisons avancées pour justifier l'impérieuse nécessité de chasser le grand

---

52. Nous reviendrons plus loin sur la nouvelle conception des réserves, en particulier celle qui est développée dans le Rapport Lang (Pierre Lang) de 2004.
53. Voir pp. 76, sqq.

gibier est la suivante : un trop grand nombre de cervidés est aussi un grand danger pour la forêt donc limiter leur nombre en les tuant est l'un des aspects de la protection de la nature. La chasse est écologique. On se croirait chez Ubu mais on se trompe. Le CEMAGREF est formel : « L'accroissement des populations de grands gibiers entraîne de multiples inconvénients comme l'apparition de dégâts en forêt[54] (…). La forêt couvre 28% de notre territoire contre 15% en 1950 », comme quoi les dégâts en question n'ont rien mis en péril du tout. Mais la logique ne semble pas le fort du CEMAGREF. On s'attendrait à ce que les dégâts en forêt soient dus, par exemple, aux tempêtes comme celle de 1999. Il n'en est rien, le même CEMAGREF, dans une autre étude prétend montrer au contraire que cette tempête a eu des effets bénéfiques … sur la biodiversité ! Mais revenons aux cervidés, exclusivement en forêt, (il est évident que les cerfs qui viennent brouter les choux-fleurs causent du tort aux cultivateurs qui sont d'ailleurs indemnisés par les chasseurs eux-mêmes) et voyons un peu ce dont ils sont coupables. Exactement de trois méfaits : « l'abroutissement, le frottis et l'écorçage (*sic*) ». On a tout de même droit à une explication : « L'abroutissement (…) commis par les cerfs et les chevreuils (…) correspond au prélèvement des jeunes pousses sur les plants [55] » en d'autres termes, ils sont coupables de manger. Comme personne n'a jamais vu un chevreuil ou un cerf grimper aux arbres[56] ni pratiquer l'acrobranche, ils ne doivent pas causer des dégâts très importants. Le frottis et l'écorçage, c'est autre chose : les

---

54. www.cemagref;fr/INformations/Dossiers thématiques/IngenierieEcologique (01/05/2007).
55. Voir p. 110.
56. Nous avons vu des isards grimper aux arbres (des pinatouzes) mais cela n'a rien à voir et c'était une farce de notre invention pour faire des photos drôlatiques.

cervidés frottent leurs bois (ou leur cuir) contre les arbres arrachant au passage de petits morceaux d'écorce. Nous n'avons jamais pu constater de tels ravages (cela ne pose problème que dans les parcs animaliers où le nombre d'arbres par bestiole est évidemment très limité). Mais dans une forêt ! Le SEMAGREF qui s'inquiète surtout de l'abroutissement qui est « le plus dangereux » se livre à des études passionnantes : « Comprendre pourquoi les cervidés font des dégâts en forêt et pourquoi ils ont des préférences alimentaires (ils raffolent de merisier, de chêne d'Amérique et délaissent le hêtre et le bouleau) ; les deux questions sont également stupides qui reviennent à se demander pourquoi ils mangent ce qu'ils trouvent dans la forêt et pourquoi ils préfèrent ceci ou cela quand ils ont le choix. Qui aurait l'idée farfelue de s'interroger sur le goût prononcé du rouge-gorge pour les vers de farine et des mésanges pour les graines de tournesol ? Il faut bien se trouver des occupations. C'est ainsi qu'en 1992, le CEMAGREF s'est associé avec le CNRS « pour étudier les déterminismes des choix alimentaires (*sic*) du chevreuil ». Et le CEMAGREF de proposer toute une série de remèdes pour permettre une harmonieuse cohabitation entre la faune et la flore. Mais le moyen le plus radical, on le connaît. Il faut favoriser la chasse des cervidés puisqu'on se tue à vous répéter qu'il y en a trop ! C'est ça la gestion.

De toutes façons, l'argument, si tant est que c'en soit un, ne tient par pour les isards puisqu'on « *considère que chamois et isards ne commettent pas de dégâts importants* »[57], ce qui est normal puisqu'ils ne vivent pas dans les forêts.

---

57. www.capserveur.com

Ils sont dangereux ailleurs aussi

Non contents de causer des dégâts en forêt, le grand gibier est responsable d'autres méfaits et de dégâts d'un tout autre ordre. Par mauvais esprit (pour éviter l'abroutissement, il devrait se laisser mourir de faim) ou par manque de solidarité, il peut lui arriver de vous envoyer chez le garagiste pour cause de tôle froissée.

Il arrive, de fait, qu'une voiture percute un cerf ou un chevreuil. Mais d'abord, c'est relativement rare et on ne voit pas trop quelle solution on peut imaginer puisque les animaux étant dépourvus de pensée conceptuelle, la biche n'a pas et ne pourra jamais avoir le concept de route (ni aucun concept d'ailleurs) et d'ailleurs, on peut tout aussi bien se retrouver avec un âne, un veau ou une vache sur son capot. Mais qu'importe, ça fait un argument de plus pour dire qu'il faut intensifier les prélèvements dans les endroits proches des axes routiers même si certains chiffres sont surprenants. Ainsi, une étude du CEMAGREF, datant, il est vrai de 1992 admettait, que les dégâts étaient fort limités : on enregistrait « un faible nombre de collision par an (1 à 2) sur la RN 134 (la route de la Vallée d'Aspe). »

Mais on peut se passer d'arguments si on ne peut pas en trouver

« *Le bouquetin des Pyrénées a disparu* [en France] *à cause d'une chasse intensive (...)*[58]. *[Il] s'est éteint en*

---

58. Article de Sylvie Cardonna, cofondatrice d'AVES France. www ;aves.asso..fr/article.php3

1996 (...). Les derniers individus s'étaient retranchés dans les parcs d'Ordesa[59] *et du Mont Perdu dans l'indifférence générale il faut bien l'avouer. Ce fait est d'autant plus affligeant qu'un programme européen de sauvegarde de la grande faune pyrénéenne avait été lancé en 1994 (...) pour un programme **LIFE** (...), cosigné par la France et l'Espagne »*[60]. L'auteur explique qu'en 2000 le Parc national des Pyrénées a voulu introduire le bouquetin ibérique mais que les autorités espagnoles se sont montré «*frileuses* » parce que les espagnols considèrent que «*les français ne sont pas aptes à mener à bien un programme d'introduction d'une espèce (...) tout simplement parce que le gouvernement français et les élus pyrénéens ne sont pas capables d'assurer la sauvegarde de l'ours* ». Quoi qu'on pense de l'ours, l'auteur a raison. Mais tel n'est pas son propos direct. Elle fait remarquer que le bouquetin (comme l'isard ajouterions-nous) n'est pas un prédateur (comme l'ours) et que l'introduction du bouquetin ibérique demande peu d'efforts et devrait contenter tout le monde, que les bergers ne peuvent pas voir en lui une gêne ou un concurrent (voire !). Alors pourquoi ne pas avoir insisté ? On trouve une réponse dans la discussion qui suit l'article : quelqu'un fait remarquer que l'Etat accordera toujours plus d'aides (des sous) pour la sauvegarde d'une espèce qui est chassée et que s'il n'y a pas de mise à mort « *ce n'est pas marrant* » et d'ajouter que des espèces protégées sous la pression des chasseurs ont tout

---

59. Parcs espagnols situés au sud de l'actuel Parc National des Pyrénées.
60. C'est le même sigle que celui que nous avons trouvé sur le luxueux panneau qui annonçait la présence du gentil patou. On ne voit pas bien ce que le patou qui est censé faire peur à l'ours vient faire dans un programme de défense de la grande faune pyrénéenne puisque le patou la fait décamper, cette grande faune.

de même disparu parce que les chasseurs, quoi qu'ils en disent, ne pensent qu'à tuer et non à sauvegarder.

Toujours plus ...

A la fin de son article écrit en novembre 2006, S. Cardonna prévoyait que si l'introduction des bouquetins se réalisait, les chasseurs allaient être tout contents de pouvoir demander leur intégration au plan de chasse ce qu'ils avaient déjà fait dans les Alpes.

Pauvres bouquetins, des Pyrénées ou des Alpes. Ces derniers ont failli disparaître totalement à la fin du XIXème siècle à cause d'une chasse intensive et n'ont dû leur survie qu'à la création en Italie du Parc National du *Gran Paradisio* où ils étaient protégés. Aujourd'hui, en France le bouquetin est protégé mais les chasseurs demandent bien son inscription aux plans de chasse en Haute-Savoie, en Savoie et en Isère. La *Buvette des alpages* lance une pétition contre eux en arguant que les chasseurs ne pensent qu'à chasser toujours plus et qu'ils ne disposent d'aucun argument, bien au contraire. Et la liste est longue même si on résume : les bouquetins se reproduisent lentement, les chasser reviendrait donc encore une fois à les faire disparaître ; il y a des massifs entiers dans les Alpes où ils sont absent, on ferait mieux de les aider à s'y installer plutôt que d'orner son salon d'un trophée ; c'est un ongulé « *qui occasionne peu ou pas de dégâts* » ; il y a une tendance à l'autorégulation démographique de l'espèce ; sa disparition entraînerait celle du Gypaète barbu ; les naturalistes, les randonneurs, les amoureux de la nature, les photographes aiment beaucoup ces animaux peu farouches qui se laissent approcher à faibles distance[61].

C'est d'ailleurs à cause de cette placidité face à l'homme que les bouquetins se sont faits exterminer par la chasse : ils ne sont pas méfiants comme les chamois ou les isards. Rien de plus facile que de faire un carton ! Quelle gloire !

Et qu'on n'aille pas dire que c'est à cause de leur nonchalance naturelle que les bouquetins ont été en grand danger de disparaître, non pas à cause des chasseurs mais à cause des loups. Face à leur prédateur principal, ils sont aussi agiles que les isards.

---

61. www.buvettedesalpages.be.2007/01/chasse_bouquetin.htm

Chapitre 3

Le monde à l'envers

On nous cache tout, on nous dit rien

Toutes les arguties qui précèdent notre petite défense des bouquetins, partent du même postulat : il y a trop de gros gibier, il faut donc faire des prélèvements afin de gérer l'équilibre entre la faune et la flore.

Mais ce qu'on nous cache soigneusement c'est que cette surabondance de gibier (si on admet l'affirmation) n'a pas les causes qu'on avance (comme la disparition des prédateurs) : il ne faudrait tout de même pas prendre les gens pour des imbéciles : dans les années 60 lorsque l'isard a failli disparaître de nos Pyrénées, il y avait belle lurette que personne n'avait vu la queue d'un loup (ou d'un ours) ou du moins a d'autres causes. Comme la truite qu'on va pêcher après l'avoir payée 10 euros d'avance, le cerf, le daim, le sanglier (!), le chevreuil (pas l'isard), le lièvre, la perdrix, le canard, etc. qu'on part chasser à l'aube sont le plus souvent **d'élevage** ou **importés (80% du « gibier français »)** des pays de l'est. Tout le monde connaît les lâchers de faisans la veille de l'ouverture de la chasse. Ben, c'est la même chose pour tout le gibier qu'il soit à plumes ou à poils. Quand on sait que le SNPGC[62] se félicite de produire 14 millions de faisans, 5 millions de perdrix grises et rouges, 1 million de canards colvert,

---

62. Syndicat National de Producteurs de Gibier de Chasse ; verdonwildlife@wanadoo.fr. Ce syndicat défend les intérêts de plus de 8 000 d'éleveurs en France.

120 000 lièvres, 100 000 lapins de garenne, 10 000 cerfs, 7 000 daims (à quoi il faut ajouter le gibier d'eau, les chamois, les sangliers et les mouflons) on ne peut s'empêcher de penser que le pompier se transforme en pyromane sans aucune dissimulation et sans aucun complexe. Car il s'agit bien de permettre de « *vivre des grands moments forts et authentiques à la rencontre des grands gibiers de ce monde, ces instants magiques dont tout chasseur rêve* »[63]. Les éleveurs, eux ne rêvent pas, leur chiffre d'affaire qui se montait en 2005 à 1,5 millions d'euros leur permet de faire pression sur les politiques qui (certains d'entre eux tout de même) voudraient limiter les lâchers et surtout interdire les lâchers pendant les périodes de chasse (certaines provinces canadiennes comme l'Ontario, Le Manitoba et la Colombie-Britannique avaient, déjà en 2005, interdit ces pratiques) : le SNPGC prétend, en effet, que les lâchers de gibier d'élevage au printemps a pour but le repeuplement de certaines espèces. Il faudrait tout de même un minimum de logique ! Si on n'oublie pas qu'il y a des éleveurs de sangliers[64] (le plus gros nuisible de France, tellement nuisible qu'il n'est pas l'objet de plans de chasse parce qu'il faut l'exterminer complètement comme le renard ou le ragondin), on est réellement chez Ubu et c'est tellement visible que le SNPGC est fort discret sur les élevages de sangliers. En plus, cet élevage commercial fort lucratif ne représente que 70% du gibier tué en France : des millions d'animaux sont importé des pays de l'est (avec la bénédiction de Bruxelles). On importe même des sangliers ! Bien entendu, ces pratiques sont plus ou moins cachées aux chasseurs : le SNPGC (avec l'accord des sociétés de chasse) s'est toujours refusé à marquer le gibier d'élevage pour éviter de saper le moral

---

63. C'est le SNPGC qui parle.
64. Fédération Française des éleveurs de Sangliers (FNES), 16 rue Claude Bernard, 75231, Paris Cedex 05.

du chasseur qui préfère toujours avoir tué un animal sauvage. Remarquons au passage qu'une partie de ce gibier d'élevage est vendu chez le boucher surtout à l'occasion des fêtes et que la fameuse traçabilité en prend un coup.

Les cachotteries de l'ONF

En plus, l'ONF n'arrête pas de nous rebattre les oreilles avec les dégâts causés dans les forêts et chez les agriculteurs par le grand gibier. Il faudrait savoir !

Ce sont les sociétés de chasse qui indemnisent les agriculteurs, ce qui est tout à fait normal puisque ce sont les chasseurs qui pratiquent l'agrainage (dans une mangeoire, on dispose, toujours au même endroit avant et pendant la chasse, du maïs, par exemple, ou toute autre nourriture dont les cervidés et les sangliers sont particulièrement friands) pour qu'ils restent à peu près au même endroit et s'habituent à y venir. Bien entendu, ces mangeoires ne sont pas situées à perpette. Le chasseur aime marcher, dit-il mais point trop n'en faut, surtout quand il ne s'agit pas de tirer. Donc on attire le gibier assez près des endroits occupés par les hommes, donc à une proximité relative des cultures. Dès lors il est inévitable que sangliers, cerfs et autres se servent dans les champs de maïs ou se régalent de choux-fleurs. Ce sont donc bien les chasseurs qui doivent payer.

Mais ce n'est pas le plus important. Tous les rapports insistent lourdement sur les dégâts causés en forêt[65]. Là il y a un mystère : comment se fait-il que de grandes forêts

---

65. Voir pp. 108, sqq.

riches en gibier aient pu exister et très bien se porter depuis la nuit des temps ?

C'est ici qu'il faut tenir fermement les deux bouts de la chaîne. L'ONF gère la chasse mais aussi et surtout la forêt dont il tire l'essentiel de ses ressources. Malgré ses dénégations véhémentes, les finances de cet EPIC ne sont pas au mieux de leur forme. Il faut donc rentabiliser au maximum la « filière bois » comme ils disent, donc vendre le plus possible de bois, donc exploiter au maximum ladite forêt en coupant le plus d'arbres possible sans pour autant tuer la poule aux œufs d'or. Tout le monde connaît les coupes sombres et les coupes claires. Rien à dire là-dessus, d'autant que c'est effectivement bon pour la forêt. Mais qui connaît les « coupes rases[66] » ? Elles consistent à couper absolument tout dans un périmètre donné. Cette pratique présente bien des avantages : on peut se servir de grosses machines, le personnel est moins qualifié, on ne perd pas son temps à repérer et à marquer les arbres à abattre, une fois les arbres tous coupés, le transport est beaucoup plus facile et surtout, on coupe plus d'arbres donc on peut vendre plus de bois. Evidemment, après une telle opération, il ne reste plus rien du tout. Qu'à cela ne tienne !

Devinez un peu ce que fait l'ONF : il reconstitue artificiellement la forêt qu'il a détruite, développement durable et finances obligent, en semant, régulièrement et au cordeau la future forêt. Il n'y a plus qu'à attendre qu'elle pousse, si elle veut bien et si elle peut. Oui, si elle peut parce que les jeunes pousses ne sont plus, par exemple, protégées du vent par les grands arbres. Mais surtout, si l'ONF a de la chance et si ses plantations ont pris, on va avoir une vaste étendue de petites pousses bien alignées et surtout délicieusement tendres dont vont raffoler nos cer-

---

66. Voir pp. 54, 154 et 157.

vidés à qui on offre là un plat de roi qu'ils vont déguster en connaisseurs sans en laisser une miette. Et voilà tout le travail de l'ONF anéanti. Petit arbre ne deviendra jamais grand. Quand l'ONF vient geindre en disant que le gibier abime l'écorce des arbres, il se moque du monde, il se plaint de ce que les animaux se régalent de ce qu'il leur a lui-même offert.

On dispose d'un cas pur avec la forêt domaniale de Tronçais (Allier) dont nous avons déjà parlé qui est considérée par tout le monde comme la plus belle chênaie d'Europe. Propriété des ducs de Bourbon, elle fut confisquée et rattachée au royaume de France par François 1er qui appréciait la qualité de ses chênes et la richesse du gibier. Actuellement, elle est, évidemment, gérée par l'ONF.

Dans un article de la revue *Naturallier* (numéro 76), Daniel Auclair commence par résumer la situation : « *De profondes mutations s'opèrent en forêt de Tronçais en matière de sylviculture et de gestion de l'équilibre faune/flore. Des ventes de bois supplémentaires, une augmentation chaotique des plans de chasse inquiètent la population. La multiplication des coupes et la diminution du cheptel de cervidés représentant une réalité indéniable* » ; il remarque que la forêt a, outre deux autres fonctions, une fonction économique. Or, la forêt de Tronçais est « *une forêt de production très rentable, **chargée d'équilibrer les comptes nationaux de l'ONF*** ». Le but du gestionnaire est de faire du « chiffre d'affaire » avec la forêt et « *la recherche d'une rentabilité économique maximale va de pair avec une artificialisation croissante des méthodes sylvicoles, ne serait-ce que pour favoriser la mécanisation de la récolte. L'usine à bois ne se conçoit qu'après épuration de toute nuisance. Le cerf en est une.* » Et opposant la raison d'Etat à la raison du citoyen, il écrit qu'on « *est en droit de se demander si le choix de la filière bois est plus* *justifiable que celui qui entend maintenir une population de « cerfs » là où elle peut prospérer ».*

Pour lui, le problème est simple : « *Le cerf est herbivore. Il consomme de la forêt. L'homme fait des bénéfices avec la forêt. (...) Pour faire plus de bénéfices, l'homme transforme la forêt en une culture d'arbres, il privilégie le chêne, essence très rentable et ouvre les parcelles à la pénétration de machines de plus en plus perfectionnées.* **Dans une forêt, le cerf se nourrit. Dans une culture d'arbres, il commet des dégâts. Sa présence empêche de planter en lignes des chênes récoltés mécaniquement.** (...) *Plus décline la diversité biologique de son milieu, plus le cerf est contraint de se nourrir aux dépens du chêne ; Il mange ce qu'on lui laisse.* **Ce qu'on baptise « dégâts » n'est qu'une adaptation alimentaire reflet de sa survie dans un biotope appauvri, artificialisé pour être plus rentable.** Ce qu'on en*tend maintenant par équilibre forêt/gibier, c'est l'équilibre entre un cheptel de cervidés minimal et une rentabilité économique maximale (...). L'homme est un loup pour le cerf*[67]. »

A Tronçais, tout est une question de rentabilité : on cultive exclusivement des chênes parce que le chêne est un produit de luxe et on augmente les plans de chasse parce que « *cela rapporte beaucoup* ». C'est ainsi que « *D'une forêt de cervidés, on passe à une forêt vidée de cerfs* ». Et Daniel Auclair de conclure ainsi : « ***Il faut savoir que c'est une volonté nationale de la part de l'ONF. Ce n'est pas un problème particulier à Tronçais*** »

---

67. Précisons que l'auteur n'est pas anti-chasse.

Et les isards dans tout ça ?

Le lecteur attentif et critique doit ici trouver que notre propos manque de cohérence : nous venons de parler de gibier d'élevage, des dégâts causés par le grand gibier, ce qui ne concerne nullement l'isard puisque l'élevage de l'isard est interdit (pourquoi a-t-on le droit d'élever des chamois ? Ministère et boule de gomme) et que les isards ne se planquent pas dans les forêts, ne fourbissent pas leurs petites cornes sur le tronc des pinatouses, qu'on ne pratique pas la sylviculture là haut, qu'on n'a jamais vu d'isards se régaler de choux, de carottes ou de poireaux et qu'ils ne risquent pas de traverser la route nationale vu que dans leur domaine il n'y a pas de routes. Pourquoi donc l'isard est-il soumis au même traitement que les autres (si tant est que les arguments présentés ci-dessus soit acceptables) ? En plus, il faut se souvenir que, contrairement aux cerfs et aux chevreuils, l'isard est une espèce très peu répandue dans le monde : il ne vit que dans les Pyrénées, donc seulement dans trois pays, l'Espagne, Andorre et la France. Point.

Alors il faudrait peut-être le traiter d'une manière un peu différente, des fois qu'il risque de disparaître comme ce fut le cas dans les années 60. Il ne faudrait pas oublier non plus que, comme on vient de le voir, le dernier bouquetin des Pyrénées est mort il y a 10 ans. On a donc au moins un cas d'une espèce, non pas en voie de disparition mais qui a réellement **disparu pour toujours**. Et tous les spécialistes sont d'accord pour dire que ce n'est pas à cause de la peste, mais à cause de la chasse : les chasseurs les ont tous tués et on ne voit pas par quel miracle (au sens propre du terme) les bouquetins des Pyrénées réapparaîtraient puisque la génération spontanée n'existe pas. Personne n'en fait un drame, ce qui est fort injuste, parce que ces bestioles trop sympathiques étaient des cousins des bouquetins des Alpes. Mais attention, l'isard est le cousin du chamois alpin ! Quand on défend la biodiversité, on a aussi le droit de penser un peu... et constater tout bêtement qu'il y a des endroits dans les Pyrénées où l'isard se fait rare au point que le gestionnaire éprouve le besoin d'aller en capturer par centaines dans la Réserve Nationale d'Orlu ; le même gestionnaire n'a d'ailleurs pas de complexes : il avoue candidement que le reserve d'Orlu sert à ça, justement, à repeupler. Mais bien sûr, pour lui, la chasse n'a rien à voir avec tout cela.

Nous avons raconté nos malheurs et le lecteur aura compris que nous nous adonn(i)ons à notre passion dans les Pyrénées Orientales pour Camporeils et à la limite de l'Ariège pour notre Pla de secours. Nous avons raconté aussi comment les isards avaient disparu de Camporeils et devenaient rarissimes aux abords de l'Ariège. Or, ce sont les deux départements premiers de la classe au tableau de chasse (673 isards « réalisés » en 2003-2004 en Ariège et 907 dans les P.O.[68]) En plus, pour ne pas faire de jaloux, la chasse à l'isard a été ouverte dans un département de plus, l'Aude.

Mais n'oublions pas notre question de départ : comment expliquer que nos chers isards soient traités comme les cerfs, les chevreuils et les sangliers[69] et donc soumis au plan de chasse alors qu'on ne peut pas les accuser de causer les dégâts[70] qu'on reproche aux cervidés (l'isard, d'ailleurs, n'est pas un cervidé mais appartient à la famille des bovidés) ou aux sangliers.

---

68. Réseau « cervidés Sangliers » ONCFS/FNC/FDC.
69. Nous n'ignorons pas que le sanglier n'est pas systématiment soumis au plan de chasse parce qu'il est classé nuisible.
70. Aux dires des spécialistes, chamois et isards commettent peu de dégâts importants (www.capserveur.com/ancgg/espèces_isard.asp)

C'est tout simple : dans la propa ONFique, l'isard est classé dans le grand gibier et tout ce qui est affirmé du grand gibier vaut pour lui. Peu importe que ce soit complètement faux et qu'on se trouve ici devant un cas type de « généralisation abusive » comme disait ce cher Bachelard qui y voyait l'un des principaux « obstacles épistémologiques ». Si on ne réfléchit pas, ça passe comme une lettre à la poste, comme une évidence. Mais ce n'est pas tout, ce n'est pas seulement de la bêtise. Dans les Pyrénées aussi, l'ONF a besoin de ressources propres (on n'y trouve pas beaucoup de cerfs ou de chevreuils) et surtout, une bonne gestion des loisirs doit répondre à la demande : chasser l'isard est d'abord une tradition locale (c'était le gibier le plus répandu dans la région), et les traditions, on n'y touche pas, et ensuite la chasse à l'isard, ça a beaucoup plus d'allure qu'une banale chasse aux cervidés ou aux sangliers. La forêt de Rambouillet, c'est nettement moins class que les crêtes du Laurenti ou les abords de l'Etang du Diable.

Mais l'ONF et les chasseurs ne sont jamais à court d'arguments. Pour l'isard ils n'en ont qu'un seul, parfaitement invérifiable : il y a trop d'isards. Et ils en tirent le maximum avec la plus grande mauvaise foi : leur surnombre est mauvais **pour eux** puisqu'il est cause de la peste et de tous les maux qui vont de pair avec la consanguinité (ils prétendent, sans la moindre preuve que ce ne sont que les vieux isards mâles qui trustent toutes les femelles). Il est donc impératif de porter le sérieux du concept scientifique là-dedans donc de **gérer** les populations. Si, au passage, le gentil chasseur et sa Sainteté l'ONF en tirent quelque profit ce n'est qu'un bienfait collatéral puisque tout est fait pour le bien des isards. Et silence dans les rangs !

L'isard est donc condamné à subir le plan de chasse même s'il risque de disparaître. Parce qu'il ne faut tout de même pas oublier ce qui nous est arrivé depuis 92. Le plan de chasse élaboré par le génial C. a connu un résultat exactement contraire à celui espéré : les isards sont devenus tellement rares qu'on a dû en interdire complètement la chasse pendant trois ans, le temps de laisser aux rares survivants le temps de se reproduire. Bien entendu, cette disparition des isards n'avait pas pour cause (disait-on) la chasse (on se tue à vous répéter qu'on chasse l'isard pour son bien) mais **la maladie**. Elle a bon dos la maladie. Nous pouvons attester que depuis 92 nous n'avons jamais vu d'isards malades. Des isards maigres, tout début juillet ou fin juin, après un hiver anormalement long, oui ; des isards qui avaient survécu à une balle (on le voit très bien sur les photos) ou des isards à l'oreille coupée en deux encore par une balle, oui, un isard qui marchait sur trois pattes parce qu'un tireur maladroit lui avait bousillé un sabot (il lui manquait le bout de la patte), oui. Mais des isards victimes de kérato-conjonctivite qui rend aveugle, qui les fait tourner en rond, se cogner dans les rochers, se casser la figure, jamais. Quand on pense que certains poussaient la mauvaise foi jusqu'à dire qu'il n'y avait presque plus d'isards à cause de la maladie, que la maladie avait pour cause la surpopulation, donc qu'il fallait faire des prélèvements pour éviter la maladie ... de toutes façons, à ce moment là, le problème ne se posait pas puisqu'il n'y avait plus d'isards donc plus de chasse.

On pourrait nous objecter que nous avons beaucoup d'imagination ou vraiment pas de chance, mais alors pas de chance du tout. Car enfin nous ne pouvons pas passer toute notre vie sur le Pla : c'est très loin, c'est très haut, il faut se réveiller bien avant l'aube, en plus nous ne passons que moins de deux mois là bas. Qui nous dit que les isards ne sont pas là quand nous n'y sommes pas ? Peut-être se cachent-ils de nous ; le Pla n'est pas très grand, nous l'avons dit mais on ne peut en avoir une vue d'ensemble qu'en arrivant. Les isards ne sont peut-être pas encore arrivés, et quand nous les attendons d'un côté, ils sont peut-être à l'autre bout, etc.

Or, une chose est sûre, ils arrivent toujours de leur repaire nocturne de l'Ariège par le même côté. C'est que tout près de leur précipice, au bord même du Pla, il y a quelque chose qu'ils apprécient par-dessus tout : un magnifique tapis de réglisse pur jus. A force d'être régulièrement tondue ras, cette réglisse forme comme une épaisse et très dense moquette vert tendre. Cette année, nous avons remarqué une nouveauté, cette moquette unie est, pour la première fois, hérissée de nombreux petits pinatouses qui ne dépassent pas trente centimètres. Ce qu'on appelle par là pinatouses ce sont de petits pins qui semblent normaux comme ça mais qui ont comme particularité de ne pas dépasser un mètre cinquante, deux mètres quel que soit leur âge. Pourquoi ? Variété spéciale ou nanisme dû au vent d'enfer qui souffle là haut ? Là n'est pas la question. Et pourquoi, avant, n'y avait-il pas de pinatouses sur ce beau tapis ? C'est que les isards les mangeaient au passage dès qu'ils pointaient et qu'ils étaient bien tendres (voir à ce propos ce que dit ONF à propos des dégâts forestiers dus aux cervidés). S'il y a maintenant partout de tous petits arbres, à la hauteur quasi réglementaire, c'est tout simplement parce que les isards ne viennent plus s'en régaler, plus du tout. CQFD.

J'ai des moutons en abondance

On ne voyait donc plus d'isards parce qu'il n'y en avait plus ou qu'ils étaient ailleurs, très loin peut-être. En revanche, des moutons il y en avait partout. Ce n'était pas nouveau, on a toujours élevé des brebis en Capcir et en Cerdagne. Il y a très longtemps, les troupeaux traversaient même chaque matin et chaque soir le village accompagnés du berger, de son bâton et de ses chiens. Ce qui était nouveau, c'était les moutons en altitude[71], et pas à moyenne altitude, le plus haut possible, tout en haut même. Qui connaît un peu la région sait que les moutons, les vaches, les chevaux disposent d'immenses surfaces pour paître en toute quiétude. Ce n'est pas l'espace qui manque. Mais pour des raisons qui nous sont restées longtemps obscures, en 93 nous avons vu Camporeils envahi par un très grand troupeau qui n'était évidemment pas monté là tout seul. On avait monté les moutons. Nous n'étions pas encore au fait des innovations cynégétiques et nous avons d'abord attribué la disparition des isards à la présence des moutons sur leur territoire. Lorsque nous avons changé de crèmerie pour aller sur notre Pla, au moins au début, nous étions tranquilles et notre sage copain berger nous avait expliqué que les isards et les moutons ne se mélangeaient pas. Lui, d'ailleurs, laissait ses bêtes chômer (faire la sieste) en dessous, à l'ombre avec les chiens pour veiller au grain pendant qu'il allait se chercher quelques cèpes.

Quel ne fut pas notre désespoir, deux ans plus tard de voir notre petit Pla envahi, dès la fin juillet par des moutons qui dormaient plus bas et qui, tous les matins montaient. Nos conditions de chasse photographique se détérioraient puisque nous étions obligés de partir plus tôt, pour arriver avant les moutons et avoir ainsi une petite chance de filmer quelque chose

Avec l'arrivée du patou, ce fut la fin des haricots : ce diable passait son temps à aboyer, à courir dans tous les sens et même – nous l'avons vu de nos yeux vu – à pourchasser les isards jusque dans leur retraite : le patou fonce

---

71. Nous parlons ici de l'élevage en altitude dans les Pyrénées. Pour les Alpes, voir plus loin.

sur tout ce qui peut menacer ses brebis (pensez, des isards !) c'est pour ça qu'il lui arrive de bouffer un bout de promeneur ou de cycliste. Tout ce cirque à cause de l'ours ! Mais passons pour le moment, non point par crainte de la ire irrationnelle des anti-ours mais parce que tel n'est pas notre propos ici. Il faudra qu'on nous explique *sérieusement* un jour pourquoi on fait monter des moutons à 2400 mètres par des sentiers impossibles ou carrément dans les éboulis où ils se cassent la gueule (ce ne sont pas des isards) ce qui fait qu'il y a souvent un bon tiers du troupeau qui est estropié et qui chemine clopin-clopant loin derrière les autres ce qui lui interdit d'être un bon mouton de Panurge si un orage éclate sans prévenir et est suivi d'un bon brouillard des familles. Résultat, les moutons devenus individualistes se perdent, tombent dans les ravins ou bien errent pendant des mois dans la montagne. Nous en avons rencontré à des heures du troupeau qui nous suivaient en bêlant leur solitude. Oui, pourquoi infliger un tel traitement à de pauvres bêtes (ce qui les rend en plus immangeables; vous direz, comme tout le monde là-bas que l'élevage en altitude produit une meilleure viande ce qui est contraire à l'expérience et aux fameux agneaux de prés salés, là aussi il faudrait savoir !), pourquoi leur faire passer la journée sur des plateaux (ou des pentes) sans herbe parce que tout est brûlé par le soleil, sans le moindre coin d'ombre puisque c'est si haut que les arbres ne poussent pas, alors que 500 mètres plus bas, il y a de vertes prairies, des clairières et des arbres pour chômer sans oublier quelques petits recs pour s'abreuver ? Au royaume des isards, souvent il n'y a pas d'eau du tout ce qui ne les gêne pas puisqu'ils ne boivent pas.

L'explication officielle importée des Alpes est l'idéologie (répandue partout comme toute idéologie) de la prétendue **biodiversité**. Cette idéologie qui a toutes les caractéristiques de la fausse science ne tient pas la route une seconde (on nous dira que c'est le cas de toute idéologie, mais il y en a certaines qui sont moins visiblement illogiques). En réalité, elle sert de cache misère aux exigences de la gestion et du profit : tous ces espaces désertiques (qu'on nomme pompeusement « estives » font partie de la forêt domaniale, ce qui est rigolo puisqu'il n'y a pas d'arbres, mais ne soyons pas tatillons) et sont donc **loués** par l'ONF. Il n'y a pas de petits profits.

Nous avons poussé les hauts cris à cette nouvelle. Mais tout le monde nous a affirmé qu'il n'y avait là aucun problème, que c'était là encore un de nos phantasmes, que moutons et isards cohabitent tranquilles. Pourtant, nous avons trouvé des gens pour écrire le contraire : « *La fréquentation d'un même territoire par le chamois ou l'isard et des troupeaux d'animaux domestiques est rarement simultanée. En été, chamois et moutons ne fréquentent qu'exceptionnellement les mêmes versants et les mêmes altitudes. De plus, la présence des chiens de troupeaux et de protection fait fuir les isards* »[72]

La justice immanente

Nous avons dit pour quelles raisons nous étions fort sceptiques devant l'explication de la disparition des isards pour cause de maladie. Mais nous n'avons jamais prétendu que les isards ne pouvaient pas être victimes d'épizooties comme la kérato-conjonctivite ou la brucellose. D'ailleurs, rien ne nous prouve qu'il n'y a pas des animaux malades

---

72. www.capserveur;com

qui se réfugient dans des endroits inaccessibles que nous ne pouvons donc pas voir, par définition.

Mais, en tout état de cause, ce qui est sidérant, c'est la cécité volontaire (ou pas) des responsables de la gestion. Reprenons. L'ONF, comme tout le monde aujourd'hui, ne parle que de biodiversité. Il faut donc qu'il y ait des isards en bonne santé pour plaire aux chasseurs et pour préserver l'espèce et des moutons (la défense du pastoralisme est un poème dont le lecteur se délectera plus tard) parce que les moutons (le saviez-vous ?) sont un facteur important de la biodiversité en montagne. On achemine donc en camions de grands troupeaux qui peuvent venir du Loir-et-Cher et on les fait ensuite monter à pattes sur les locations de l'ONF avec le patou (le berger est devenu facultatif, pastoralisme moderne et 35 heures obligent). Et ils y restent tout l'été à la place des isards qui reviennent de temps en temps furtivement se shooter à la réglisse même si ça pue à cause des moutons et s'ils sont obligés, à notre grand désespoir, de déguerpir lorsque le troupeau se pointe.

Et tout le monde de dire et de répéter que tout est pour le mieux dans ce monde parfait où moutons et isards cohabitent tranquilles. Nos vacances sont fichues mais tout le monde s'en moque. Pensez, deux parisiens fêlés de photo face au pastoralisme, à la biodiversité et aux chasseurs !

Mais ce que personne ne sait (et que nous avons découvert par hasard grâce à Google) c'est que cette mode nouvelle de l'élevage ovin en altitude constitue **un danger majeurs pour les isards**. Tenez-vous bien : « *L'élevage ovin a des conséquences (...) sanitaires. On peut citer dans ce contexte les maladies suivantes : la kérato-conjonctivite infectieuse (cécité du chamois) (...), le piétin (...) ; l'ecthyma contagieux, la para tuberculose (...) et finalement la pseudo-tuberculose, la brucellose, la pasteurellose et les endoparasitoses, autant de maladies que peuvent contracter les moutons, les chamois et les bouque-*

tins. *Les apparitions d'épidémies ou les cas isolés de maladies dans les populations d'ongulés sauvages peuvent souvent être mises en relation avec la présence de moutons dans les régions touchées. Les études sur la kérato-conjonctivite sont venues étayer l'hypothèse selon laquelle **les populations ovines sont un réservoir pour cette maladie** »*[73] Il faut noter que la kérato-conjonctivite et la brucellose sont mortelles pour les isards et les bouquetins ; les moutons qui étaient soumis à un contrôle vétérinaire obligatoire et, en principe, hebdomadaire, étaient soignés et guéris.

Il n'y a pas beaucoup d'isards dans le monde, la sélection naturelle est dure. Il faut, en plus que l'homme s'en mêle et les tue par la chasse, les maladies des moutons et la gestion. Ainsi, tout ce qu'on a pu nous raconter d'un ton docte sur la maladie causée par la trop grande taille des hardes d'isards est entièrement faux. La spécialiste suisse (qui, naturellement parle de chamois et non d'isards) dit bien que les cas isolés de maladies peuvent s'expliquer de la même façon que les épidémies. Les grandes hardes n'ont rien à voir là dedans et l'argument selon lequel il faut impérativement tuer des isards pour éviter la formation de grands troupeaux tombe de lui-même, d'autant que les isards se rassemblent rarement en grands troupeaux. Ce qu'on observe le plus souvent ce sont des hardes d'une dizaine ou d'une quinzaine de bêtes.

Ainsi, on accumule des arguments pour établir scientifiquement qu'il faut nécessairement prélever du grand

---

73. Marie-Pierre Ryser-Degiorgis, Centre pour la Médecine des poissons et des animaux sauvages (FIWI), Faculté Vetsuisse, Université de Berne. Ces propos ont été tenus lors de la Journée d'information du 12 novembre 2004 : *Moutons d'élevage, faune sauvage et végétation : conciliables ou non ?* www.news-service.admin.ch/.Voir www.buvettedesalpages.be/2007/10/.

gibier parce qu'il y a trop de cerfs, de chamois, de chevreuils, d'isards, ce qui ne peut manquer d'avoir des conséquences désastreuses pour la faune, la flore, pour tout le monde. Il faut donc impérativement établir des plans de chasse et des tableaux de chasse pour évaluer les résultats.

Or, quand on regarde d'un peu près les chiffres publiées par l'ONF, on ne peut manquer d'être frappé par une anomalie que l'ONF est bien obligé de constater. Pour le cerf, par exemple « *L'augmentation continue des tableaux de chasse* [le nombre d'animaux tués] *depuis la généralisation du plan de chasse en 1979 a cessé pour se stabiliser, avec même une baisse pour la saison 2004-2005* »[74]. *Idem* pour tout le grand gibier. Un tableau portant sur les années 2000 à 2005 montre que le taux de réalisation du plan de chasse en 2005 est de 75% pour le cerf, 79% pour le chevreuil, 85% pour le mouflon et seulement de 70% pour les chamois et les isards[75]. Même le sanglier est passé de 49 980 à 41 600 alors même que tout le monde ne cesse de glapir contre la prolifération de ces grosses bêtes. Alors un peu de logique SVP : si les chasseurs (aidés par l'ONF) qui se décarcassent (pas seulement pour les trophées, il ne faut pas oublier le congélateur) ne réussissent pas à honorer le plan scientifiquement élaboré, il ne peut y avoir qu'une seule explication : il est devenu plus difficile de tuer sa proie et si c'est plus difficile, c'est qu'il y a **moins de gibier**. Et si le gibier se fait plus rare, ne serait-ce pas, tout à fait par hasard, parce qu'on le tue ? Et à force de le tuer (tout en continuant à augmenter continuellement les plans de chasse, c'est l'ONF qui l'écrit,) ne risque-t-on pas de le menacer de disparition ? Ne serait-ce

---

74. ONF, bilan patrimonial des forêts domaniales – édition 2006.
75. L'ONCFS a remarqué que cette situation « *traduit un fléchissement des populations, notammentsur la moitié orientale* [chez nous] *de la chaîne* » et que « *les causes de cette stagnation sont d'ordre purement cynégétique* ».

pas ce qui a fait notre malheur lors de l'année terrible ? N'est ce pas ce que l'ONF a tacitement reconnu en interdisant la chasse à l'isard pendant trois ans parce que les comptages étaient absolument catastrophiques ? Si, de surcroît, on pratique le pâturage en altitude avec le patou et tout le bastringue, les pauvres photographes que nous sommes n'ont plus qu'à se regarder leurs isards de 92 à la télé.

Que vont-ils faire dans ces estives ?

Le lecteur va nous prendre pour des ignares, des parisiens qui ne connaissent rien à la campagne ou à la montagne. Comment, nous ne saurions pas que, dans les Alpes, le pâturage en altitude est une pratique ancestrale ? Que si, nous le savons et nous en connaissons la raison : on commence, au printemps à faire paître en bas dans la vallée, puis à mesure que la nourriture diminue on fait lentement monter les bêtes qui continuent ainsi à se nourrir. C'est ainsi qu'à la fin de l'été, les troupeaux se trouvent relativement haut dans les alpages. Ce n'est pas la seule raison : pendant tout ce temps l'herbe en bas et à moyenne altitude a le temps de repousser et, avant la fin de l'été, on la fauche pour en faire des provisions pour l'hiver, ce qui est tout à fait logique.

Mais, nous parlons ici des Pyrénées où nous avons toujours vu des moutons en bas, dans les vallées de Cerdagne et de Capcir. Le plateau capcinois qui est, comme la Cerdagne un plateau d'effondrement, se situe tout de même à 1 500 mètres et les vallées montent lentement mais sûrement. C'est pour cette raison que les moutons à Camporeils étaient pour nous une nouveauté complète. En outre, sur ces hauts plateaux que sont le Capcir et la Cerdagne, fin août, on fauche, certes, et on fait des ballots de foin pour l'hiver mais on ne fauche qu'en bas (si l'on peut dire). Jamais au grand jamais nous n'avons vu faucher ailleurs. C'est que la situation n'est pas la même que dans les Alpes : les grands troupeaux sont transportés du Loir-et-Cher par camions, et, bien sûr, on ne transporte pas de foin là bas.

Mais au fait, pourquoi cette obstination à faire monter ces pauvres moutons toujours plus haut ? Pourquoi risquer de les perdre, de les amocher, de les faire bouffer par des chiens errants, etc. ? D'où vient cette nouvelle mode ?
Oui, mode, parce que le grand argument avancé est celui de la biodiversité, y compris dans les Alpes
Qu'es-aco la biodiversité ? D'abord c'est bon parce que c'est nouveau, que ça a un petit parfum de Nicolas Hulot, parce que ça fait penser aux requins en voie de disparition, etc. La biodiversité c'est tout simplement la diversité des espèces vivantes, faune ou flore. Et il convient de préserver la biodiversité. Pourquoi ? C'est là une tout autre question et on ne discute pas. C'est au nom de la biodiversité, menacée par des tas de fléaux, qu'on a réintroduit le loup, le lynx, et … l'ours.
Avant d'entrer dans le vif du sujet, précisons un point. Nous sommes plutôt partisans de la défense et de la protection de toutes les espèces vivantes parce que nous sommes très curieux de tout ce qui vit, comme Aristote. Qu'il n'y ait pas de méprise donc. Si nous avons adopté ce ton un peu critique et si nous sommes capables de nous montrer très critiques, c'est à cause de l'extrême mauvaise foi de presque tous ceux qui se gargarisent de ce mot, à cause de leurs sophismes, de leurs contradiction, des intérêts financiers que cachent certains, de l'hypocrisie de ceux qui se présentent comme les plus fervents défenseurs

de cette fameuse biodiversité: cette alliance contre nature à trois entre les écologistes, les chasseurs et, *of course*, l'ONF qui n'ont que ce mot à la bouche pour justifier tout et n'importe quoi « *Le poumon, vous dis-je !* ».

Le lecteur qui n'appartient pas à ce trio infernal et qui n'est pas non plus berger doit se demander quel rapport il peut bien y avoir entre les brebis qu'on élève pour leur lait ou pour leur viande, entre le pastoralisme, comme on dit, et la protection de la diversité des espèces vivantes. Il est normal de ne pas voir du tout le rapport et nous avons été les premiers surpris lorsqu'un ami de très longue date, qui travaille dans l'écologie scientifique au CNRS, un certain P. nous a quasiment traités de débiles parce nous étions en train de nous plaindre de l'omniprésence des moutons sur le territoire des isards, que nous lui disions qu'ils pouvaient foutre la paix aux animaux sauvages, etc. Comment, nous a-t-il dit en substance, vous ne savez pas, vous, quel rôle capital et indispensable joue le pastoralisme dans la biodiversité ? Nous sommes restés muets de stupéfaction parce qu'il avait pris son air sérieux du genre « on ne badine pas avec la science camarades ! » et qu'il ne semblait pas du tout, mais alors pas du tout plaisanter.

Alors, doctement, il a consenti à éclairer notre lanterne de béotiens et nous n'en sommes toujours pas revenus. Comment un garçon, en principe plein d'esprit critique, qui traque le paralogisme et les fausses sciences avec la plus grande délectation peut-il croire dur comme fer à des âneries et répéter sans le moindre doute ce qu'il a entendu dire et répéter par des copains à lui, bergers dans les Pyrénées. Nous n'avons rien contre les bergers non plus, nous aussi nous avons nos amis bergers, mais nous ne supportons pas que les bergers soient souvent honteusement exploités par les propriétaires des montons et, en plus, soient intoxiqués par les chasseurs et surtout par la propa officielle de l'ONF.

Pour comprendre le toutim il faut faire un petit détour par l'idéologie de la biodiversité telle que la conçoit le trio infernal pour comprendre le lien mystérieux entre les brebis qui montent, qui montent, qui montent et la sauvegarde des espèces.

TROISIEME PARTIE

L'IDEOLOGIE C'EST DE LA COLLE

Que l'idéologie (toujours dominante par définition) soit une représentation fausse et inversée du réel, c'est une idée plutôt juste mais incomplète parce qu'elle fait oublier que, si tel était le cas, les choses ne seraient pas si graves : s'il y avait simplement inversion du réel, il suffirait de faire pivoter de 180° pour redresser l'image. Il revient à Roland Barthes d'avoir ajouté une précision essentielle : l'idéologie « *n'est pas d'ordre paranoïaque, systématique, argumentatif, articulé : c'est un empoissement implacable, une* doxa, *une manière d'inconscient* »[76]. Barthes a brillamment illustré cette définition dans ses précieuses *Mythologies* où il montre, par l'exemple, comment la réalité dans laquelle nous vivons est présentée par la presse, l'art, le sens commun comme « naturelle » alors qu'elle est historique donc non évidente. Il dénonce le « *ce-qui-va-de-soi* », les fausses évidences qui constituent les mythes modernes et sont l'idéologie empiriquement perceptible si l'on ose dire. Et cette idéologie n'est pas un délire d'ordre paranoïaque en ce sens qu'elle n'est pas logique, qu'elle fourmille de contradictions, qu'elle est inconsciente (au sens banal de non consciente) et qu'elle empêche tout simplement de penser en annihilant toute forme possible d'esprit critique. C'est une glu dont nous ne pouvons pas nous dépêtrer.

Les idées actuelles sur la chasse sont historiques : c'est seulement depuis quelques dizaines d'années qu'on pense que le chasseur tue le gibier pour le bien du gibier, que (comme on va le voir) le but des réserves n'est pas de constituer une sorte de sanctuaire pour la faune sauvage ou qu'il est normal que l'Office National des **Forêts** gère la faune en plus des arbres. Ces idées sont aussi incohérentes : on pense en même temps avec l'ONF qu'il faut établir des plans de chasse parce qu'il y a trop de gibier et,

---

[76]. *Le plaisir du texte*, Seuil, 1973, p. 48.

avec les chasseurs que c'est nécessaire parce qu'il n'y en a plus assez, qu'il faut préserver la biodiversité voire la restaurer en réintroduisant lynx, loups et ours (tout en défendant les OGM) et éliminer les « nuisibles », pour ne prendre que quelques exemples.

En ces temps de défense de l'environnement on multiplie les catégories de réserves et autres parcs dits naturels. Mais on va voir comment les idées relatives aux réserves et à la biodiversité illustrent parfaitement la définition barthésienne de l'idéologie.

Chapitre 1

Les réserves nouvelles sont arrivées

Ainsi, on chasse dans les réserves, c'est non seulement permis, mais c'est nécessaire. On chasse dans les réserves avec la bénédiction de l'ONF et sous la houlette de l'ONF qui fait semblant de consulter l'ONCFS. On chasse dans les réserves pour le bien des dites réserves et pour le plus grand bien de la faune sauvage.

Il y a décidément quelque chose de pourri au royaume d'Artémis. Le bon sens le plus élémentaire donne envie de crier « non, mais ça ne va pas la tête ! ». L'esprit le plus borné pense tout de suite que les réserves sont précisément des endroits **où il est interdit de chasser** ou de pêcher. Et que les gardes sont là pour veiller au grain. D'ailleurs tout le monde se souvient des panneaux **Réserve de chasse - Chasse interdite.**

C'était bien la peine de se donner tout ce mal pour essayer de faire comprendre que, désormais, avec l'avènement de la chasse scientifique tout était cul par dessus tête. On dira « mais alors, dans ce cas, il n'y a plus de réserves ? » Que si ! Il y a toujours à l'identique les différentes sortes de réserves, il y a toujours les mêmes panneaux. Mais ce qui a changé c'est et l'esprit et la lettre de la loi. Dans ce monde héraclitéen où tout n'est que mouvement il était impensable d'en rester à la conception, obsolète désormais, de la réserve qui n'avait aucun fondement scientifique, qui était d'un simplisme à pleurer et surtout qui n'était pas dans l'air du temps où l'offre doit toujours répondre à la demande, sans oublier l'impérieuse nécessité des ressources propres et de la gestion, sans oublier non plus le développement durable. Un tas de gogos pleins aux as veulent leur trophée, ils en ont marre d'aller toujours au Kenya ou en Tanzanie (c'est d'un vulgaire !) et de ne pas pouvoir descendre du 4x4. C'est tellement plus chic d'aller chasser l'isard en Ariège. Non, l'aventure, c'est l'aventure et en plus la randonnée est à la mode. Il faut bien que le droit suive les mœurs. Et d'ailleurs, comme le disent les petites têtes pensantes qui nous servent d'élite et de représentants, qu'ils soient au pouvoir ou non, la réforme de l'Etat, de l'Ecole, de la justice, de la médecine …et des réserves est toujours nécessaire.

Une révolution culturelle

N'ayons pas peur des mots, la nouvelle philosophie des réserves est une « révolution culturelle »[77].

Le texte de référence, le texte que tout le monde ressasse est le Rapport de Pierre Lang, Député de la Moselle et Président de la fédération départementale des chasseurs (encore un qui est juge et partie), rapport sur les réserves de chasse, commandé, en septembre 2003, par le Premier Ministre dans le but de définir les « modalités à mettre en œuvre pour clarifier, rationaliser, et adapter l'ensemble du dispositif ». La lettre de mission demandait que soit définie et déterminée la **gestion** de ces réserves.

Il faut bien reconnaître que le statut des différentes réserves de chasse était tout sauf limpide et que tout le monde avait tendance à s'y perdre un peu tant les cas de

---

77. www.le grandcharnier.com. Sous ce titre bizarre se cache une « Association pour la protection du pastoralisme et de la faune sauvage contre les grands prédateurs ». Bergers, chasseurs, même combat.

figure sont nombreux. Le détail n'est pas intéressant à ceci près qu'il faut distinguer les parcs nationaux (où l'ONF n'a que très peu de pouvoirs), les Réserves Nationales de Chasse et de Faune Sauvage, comme la Réserve d'Orlu et qui dépendent de l'ONCFS et les Réserves Biologiques Domaniales et Forêts de protection de l'**Office National des Forêts** qui nous intéressent surtout ici[78]. Ces dernières sont, en effet, situées à l'intérieur d'une forêt domaniale, forêt publique **juridiquement** *bien privé* de l'Etat qui ne peut pas louer les *biens publics* (les routes, les écoles, etc.) mais qui peut louer ses biens privés. C'est ainsi que l'ONF établit des baux de chasse dans le cadre d'adjudications publiques au profit d'ACCA ou d'associations de chasseurs et surtout organise ses fameuses chasses guidées ou sous licence qui consistent à faire acheter par le chasseur le droit de tirer donc de tuer des animaux, propriétés privées de l'Etat (c'est la taxe de tir), d'acheter éventuellement la venaison (et en plus l'aide du guide, le transport en 4x4, etc.)

C'est dans *Le chasseur français*[79] qu'on trouve le résumé le plus clair et le plus net de l'essentiel du Rapport Lang. Le titre de l'article annonce franchement la couleur : **Qui gère, qui paie ?** Le premier intertitre est tout aussi limpide : **Chasser dans les réserves ?** On commence par un résumé des idées toutes faites : « *les parcs et réserves apparaissent trop souvent comme des sanctuaires où toute activité cynégétique est par définition interdite* ». De petits esprits penseraient que c'est l'expression même du bon sens près de chez nous. Pas du tout. On pensait cela **avant** que la science ONFique ne vienne apporter le sérieux et le concept rationnel dans la chasse. En effet, poursuit

---

78. Le lecteur qui voudrait connaître la jungle des espaces naturels protégés devra aller voir sur www.inra.fr/internet/Hebergement/OPIE-Insectes/observatoire/espaces.htm

79. Juin 2006, pp. 37-38.

l'organe des chasseurs « *Cette vision ne résiste pas à l'examen des faits* (sic) : *même un parc national comme celui des Cévennes peut inclure la pratique de la chasse dans son décret de création, et le statut des réserves naturelles n'impose* **absolument pas l'interdiction systématique** *de la chasse. Le cas des réserves de chasse est plus ambigu, puisque tout acte de chasse y est par définition interdit ; cela étant, l'arrêté d'institution peut parfaitement prévoir la possibilité d'exécuter un plan de chasse ou de gestion* (coucou, le revoilà), *pour maintenir l'équilibre agro-sylvo-cynégétique, dès lors que la préservation du gibier et sa tranquillité ne sont pas menacées. En outre, la destruction des animaux nuisibles peut y être effectuée, sous réserve d'une autorisation préfectorale* ». On voit mal comment la tranquillité du gibier peut être respectée quand ça pétarade dans tous les coins. Mais on voit que tout est lié, le plan de chasse et la destruction des nuisibles. Du moment qu'il est possible d'aller tuer au petit matin, tout le monde est content et le gibier doit l'être aussi puisque c'est pour son bien.

Logique du sanctuaire ou logique de la gestion ?

Rendons à César ce qui appartient à César. Laissons parler le maître d'œuvre, Pierre Lang : « *La logique du sanctuaire doit laisser place à celle de la gestion* ». C'est ce qui a très bien été assimilé par l'ONF : « *On ne peut parler aujourd'hui de chasse qu'après avoir parlé de gestion.* **La chasse ne doit être que la récolte du fruit de la gestion,** *fruit qui correspond uniquement au surplus de production* (sic) *qui amènerait à la longue l'espèce vers* *un surnombre néfaste à l'équilibre du milieu* » écrit Jean-Patrick Barnabé[80] « guide de chasse à l'Office national des forêts depuis plus de vingt ans, en forêt domaniale de Hourtin, en Gironde. Il est spécialiste dans le dressage des chiens, les chasses du chevreuil et la gestion de l'environnement naturel où **chasse et écologie vont de pair**.[81] » Et notre auteur de se féliciter des résultats excellents d'une « gestion raisonnée » : « La mise en place du plan de chasse obligatoire sur l'ensemble de l'Hexagone (…) a été sans doute le départ d'un essor constant, amenant aujourd'hui notre petit cervidé en surpopulation dans beaucoup de secteurs[82] ». Quelle logique grandiose ! On fait tout pour créer une prétendue surpopulation ce qui rend absolument nécessaires les prélèvements. Si ce n'est pas un cercle vicieux, c'est de la mauvaise foi pur jus. Pour l'auteur, c'est la preuve de l'intelligence de la chasse (ou de l'ONF ?). Il ajoute « la chasse française a bien passé le cap et elle a su évoluer en passant de la chasse cueillette à la chasse gestion », ce qui prouve, selon lui, que « la gestion et la compréhension de la biologie d'une espèce sont les seuls facteurs à prendre en compte ». Quel est le rapport entre la gestion et la biologie d'une espèce ? Cela veut dire que, contrairement à ce que disent les opposants à la chasse qui veulent réduire le plus possible les périodes de chasse sous prétexte de protection des espèces, il ne faut raisonner qu'en termes de rendement et arriver à une période d'ouverture la plus large possible. Ainsi, le plus souvent en France, la chasse au chevreuil ouvre le 1er juin pour la chasse au brocard et se termine le 31 mars par la vénerie. Donc il ne reste que deux mois de répit à cet

---

80. *Connaître les chasses du chevreuil*, Editions Sud-ouest, p. 6. Nous avons déjà cité ce texte mais nous ne pouvons résister au plaisir de récidiver dans un autre contexte.
81. *Ibidem*, Quatrième de couverture.
82. *Ibidem*, p. 3.

animal charmant. Comme il est loin d'être en voie de disparition, c'est que la chasse ne lui fait que du bien. C.Q.F.D.

Pierre Lang a établi son rapport à la demande du Premier Ministre qui lui confiait exactement une mission « sur les réserves de chasse et les modalités à mettre en œuvre pour clarifier, rationaliser et adapter l'ensemble du dispositif ».

On a donc adapté en changeant la vision traditionnelle des réserves. Comme on vient de le voir à propos du Parc National des Cévennes « *le statut des réserves naturelles n'impose absolument pas l'interdiction systématique de la chasse* (…). Et Lang de prendre l'exemple extrême : « *En pratique, certaines réserves nationales gérées par l'ONF et l'ONCFS, comme les Bauges ou la Petite-pierre, ont joué et jouent encore un rôle de chasse-pilote qui a permis un progrès sensible dans les pratiques cynégétiques* »[83]. Mieux encore : « *Il serait très important d'assouplir les procédures permettant de* **réguler** *les espèces en surnombre dans les réserves, voire les parcs nationaux* »[84].

A part cette évidence, que les chasseurs veulent chasser partout, ce qui n'est pas un *scoop*, véritablement, c'est à n'y plus rien comprendre et à risquer la confusion mentale. Entre les réserves nationales qui deviennent des modèles d'écoles de chasse, le gibier qui jouit de sa native tranquillité au milieu des pétarades, l'obligation de préserver le gibier (c'est bien le moins dans une réserve !) et la nécessité de **réguler** les espèces en surnombre dans une réserve, on y perd son latin. L'article cité donne comme exemple de réserve celle d'Orlu qui est la réserve nationale d'isards en France. Certes, l'ONCFS y étudie nos ongulés préférés mais Orlu sert essentiellement, comme on

---

83. *Le chasseur francais,* juin 2006, pp. 37-38.
84. *Ibidem.*

l'a vu, de réservoir où des centaines d'isards sont capturés pour être relâchés dans les endroits désertés par leurs congénères. Pour que cette délicate opération soit possible, il faut nécessairement qu'il y ait au moins une légère surpopulation ! On notera au passage que personne n'a jamais prétendu que les isards y étaient malades ! Illogisme quand tu nous tiens !

On admet donc en principe l'axiomatique suivante : notre monde est, partout et toujours en pleine mutation ; et ce mouvement héraclitéen est donné, incessant, irréversible ; il n'y a rien d'autre à faire que de s'y adapter ; l'adaptation commande d'innover sans cesse. On doit reconnaître que les chasseurs, sous la houlette de M Lang sont des champions. On a inventé les réserves pour éviter la disparition de certaines espèces et cela n'a pas trop mal réussi. Mais c'est obsolète donc il faut d'abord chasser dans les réserves et puis, n'y allons pas par quatre chemins, les supprimer justement parce qu'elles ont atteint leur but[85] puisque tout le monde sait qu'on ne garde pas une équipe qui gagne. C'est ce que résume ainsi Pierre Lang qui définit les procédures, une fois la réorientation définie (dans les réserves de montagne, la chasse au grand gibier doit devenir « obligatoire » et non seulement « possible ») : « *Le classement en réserve de chasse est une procédure temporaire qui peut être renouvelée, mais aussi suspendue lorsque les objectifs ont été atteints* ». Monsieur le Député de la Moselle, Président de la fédération départementale des chasseurs a bien intégré l'idée selon laquelle « *la stratégie nationale pour la biodiversité* »

---

85. Ce que Pierre Lang oublie, c'est qu'une fois un objectif atteint, il peut être nécessaire de continuer à veiller au grain : celui qui a fait des efforts pour obtenir un beau jardin n'aura jamais l'idée de le laisser à l'abandon !

relève de la **gestion** qui doit être **déconcentrée** (on est libéral ou on ne l'est pas).

C'est beaucoup comme les magasins ou les supermarchés U qui sont tous différents selon les lieux (à Egat, à côté de Font-Romeu, on trouve des tonnes de jambon de montagne et beaucoup de morue séchée tandis qu'à Piraillan, sur le bassin d'Arcachon il y a des fois gras de canard crus en veux-tu en voilà et toutes les conserves du Gers qu'on peut désirer). C'est que chaque magasin U a un directeur du cru qui connaît sa clientèle et qui s'occupe de vous. Il y a tout de même une direction nationale qui gère les produits U. Ce doit être la même chose pour la chasse : chaque réserve aura ses particularités mais comme il s'agit d'une « *stratégie nationale* », « *L'ONCFS, la FNC et l'ONF continueront d'assurer le suivi statistique et cartographique de ces territoires, en le réorientant sur les nouveaux objectifs* » (les prélèvements obligatoires dans les réserves). Il faut bien de quoi remplir les rapports, pouvoir se féliciter de l'adéquation des plan de chasse et des tableaux de chasse et tout de même avoir l'œil sur les mauvais chasseurs qui ne suivraient pas bien les directives scientifiquement établies.

La faune ainsi gérée d'une main de fer n'a qu'à bien se tenir.

Une fois ces réorientations mises en œuvre, on devrait « *changer l'appellation des réserves de chasse et de faune sauvage qui prête à de nombreuses confusions dans l'esprit du public* ». Evidemment, quand il entend les mots de « réserves de chasse » et de « faune sauvage » le citoyen lambda risque de ne pas comprendre qu'il s'agit d'une faune encadrée, surveillée, objet d'une stratégie, objet de statistiques, en un mot **GEREE**, et de croire qu'il existe encore un peu de nature libre, œuvre de Dieu si on veut et ne pas voir que les cerfs majestueux, les biches craintives, les chevreuils délicats et les isards curieux et fantasques qui font des roulés-boulés sur les névés sont une **production** comme les boites de conserves, les lecteurs de DVD, mais une production qui relève des « pouvoirs publics » et de savants calculs dont le but est de contrôler la « biodiversité ».

# Chapitre 2

La biodiversité, bonne à tout faire de l'idéologie

La biodiversité sert absolument à tout : à justifier la chasse, les coupes rases dans les forêts du Cap Ferret, la tempête de 1999 et ... le pastoralisme en altitude.

La protection des espèces vivantes n'est pas une nouveauté. Ce n'est pas hier qu'on a créé le Muséum d'Histoire Naturelle et le Jardin des Plantes. Il y a longtemps qu'on interdit de chasser les espèces menacées ou en voie de disparition. On ne parlait pas alors de biodiversité. Ce vocable[86] aux allures pseudo-scientifiques a été mis à la mode par les palabres récents sur le réchauffement de la planète, le développement durable, etc.

Au départ, tout semble simple : il s'agit de préserver la diversité des espèces vivantes. On ne voit pas qui pourrait être contre.

Les surprenants collabos de la biodiversité : la tempête de 1999 et les coupes rases ...

Mais la défense de la biodiversité conduit à des positions pour le moins surprenantes. Par exemple, le CEMA-

---

86. Ce concept a été utilisé pour la première fois par l'entomologiste E.O. Wilson en 1988.

GREF[87] prétend que « La tempête de 1999 [a été] un « plus » pour la biodiversité »[88]. Le *vulgum pecus* qui pense tout bêtement que cette tempête, comme la dernière, a dévasté des forêts entières se trompe : les arbres déracinés ont transformé le milieu. Avec la pleine lumière, des espèces nouvelles sont apparues (des plantes et des fleurs qui ne poussent pas dans les forêts à cause de l'ombre) ce qui est un bien (sauf pour le muguet et la mousse qui ont besoin d'ombre). C'est ce qui s'appelle enfoncer une porte ouverte, mais tant pis. Félicitons-nous de voir pousser des coquelicots à condition que ce soit là où il y avait des arbres. C'est le monde à l'envers.

Cette pseudo-justification a été très bien intégrée par l'ONF. Tout le monde sait qu'il est nécessaire de pratiquer des coupes sombres et même des coupes claires pour le bien de la forêt (et pour vendre du bois). Mais on n'arrête pas le progrès à l'ONF qui a pratiqué, à Piraillan, des coupes rases, le long d'un lotissement en plus, (c'est sympa pour les nouveaux propriétaires d'une villa dans un « village sous les arbres »[89]). Il y eut beaucoup de mécontents et surtout une incompréhension générale : pourquoi diable aller tout raser sur une bande de 300 mètres sur 11 km ? Inutile d'insister sur le côté esthétique de la chose. Mais il y a une question de logique : tout le monde avait pleuré les pins centenaires victimes de la tempête de 99, alors pourquoi en rajouter alors même qu'on avait réensemencé juste derrière pour réparer les dégâts ? On peut craindre, en effet, que le vent ne s'engouffre dans le couloir crée par cette déforestation et que les petits pins encore fragiles et complètement à découvert ne souffrent

---

87. Centre National du machinisme agricole, du génie rural, des eaux et forêts ou Institut de recherche pour l'ingénierie de l'agriculture et de l'environnement.
88. info@cemagref.fr
89. www.ville-lege-capferret.fr

gravement s'il survient une tempête, même modeste, ce qui n'est tout de même pas chose rare tout le long de l'Océan. Et alors tout serait à recommencer. Mais faire et défaire, c'est toujours travailler.

Attaqué de toutes parts, Jean-Pierre Duval, directeur technique de l'ONF s'étonne de cette incompréhension. « Nous ne faisons que respecter un schéma de gestion (!) destiné à faire vivre la forêt, à assurer sa pérennité et à répondre aux besoins des hommes[90] (…). Une fois traitée, cette parcelle laissera passer la lumière dans les maisons et le paysage se teintera de nouvelles couleurs ». Un gestionnaire qui se prend pour un poète ! Et l'ONF persiste et signe. La coupe rase en question se situe le long de la piste cyclable appréciée pour sa fraicheur ombragée. Il faut donc intoxiquer aussi les promeneurs avec un grand panneau en bois (dans le genre de ceux qui vantent ailleurs les mérites du patou). Appréciez :

« *Une coupe rase (Carrefour de Bayle)*
Pourquoi effectuer une coupe rase de pins maritimes ?
Cet arbre résineux a besoin d'espace et de lumière pour se développer. Tout au long de la vie de la forêt, les forestiers enlèvent certains pins afin de faciliter la croissance des plus beaux[91].

Vers l'âge de 60 ans, pour renouveler la forêt arrivée à maturité, il est nécessaire de mettre en pleine lumière les jeunes semis qui se sont installés. Tous les arbres adultes d'une même parcelle sont alors coupés et vont alimenter la filière bois (parquets, lambris, charpentes).

Quels sont les bénéfices pour la forêt ?

---

90. Ben oui, et la filière bois, alors ?
91. Tout le monde le sait. Il ne faudrait tout de même pas prendre les cyclistes pour des imbéciles !

Une coupe rase n'est pas la mort d'un écosystème ou sa destruction mais au contraire « le renouveau et la diversité du milieu ».

Une coupe rase crée un milieu ouvert : une faune et une flore spécifique succèdent alors à celle de la forêt profonde, de nombreuses espèces se développent (insectes, oiseaux comme l'engoulevent, l'alouette lulu, le pipit rousseline...) ou y viennent chasser (rapaces).

Et l'avenir ?

Les semis du pin, si petits soient-ils commencent à pousser ici et là et ainsi façonnent ce milieu foisonnant de vie et en perpétuelle évolution.

La forêt de demain est déjà là !

Et c'est signé : **Office National des Forêts.** »

Cette autojustification est une petite merveille de mauvaise foi et de mensonge. On commence par tromper le cycliste naïf qui en profite pour souffler un peu en lui énonçant des évidences habilement mêlées de mensonges (on ne coupe pas les arbres de 60 ans parce qu'ils sont justement à maturité et vivent encore plus de 50 ans ; on ne coupe pas tous les arbres adultes, on pratique selon la situation et la densité de la forêt des coupes claires, le plus souvent, ou même des coupes sombres, jamais des coupes rases). Nous avons contemplé le spectacle désolant de cette coupe. Un an après la coupe, on ne voyait pas trace de la forêt de demain. Quand à la faune et à la flore spécifique, elle ne naît pas par génération spontanée : les espèces nouvelles qu'on y rencontre viennent des environs, là où il n'y a pas de forêt. Quant aux rapaces, ils chassent ici ce qu'ils trouvent habituellement dans les prairies. Et nous pouvons vous assurer que la forêt n'a jamais empêché les rapaces de chasser. Nous allons souvent observer les oiseaux aux Réservoirs de Piraillan (il n'y a pas des coupes rases partout) parce qu'y nichent de nombreuses aigrettes et pas mal de hérons cendrés. Et on y voit beaucoup de rapaces, des milans en particulier qui viennent piller les nids, ils se régalent des œufs (les nids sont en haut des arbres) puis des oisillons sans défense pendant que leurs parents sont à la chasse. Le reste du temps, les rapaces mangent autre chose, pas dans les arbres, au sol : de petits mammifères, des grenouilles, ou des passereaux, par exemple. Ajoutons une anecdote personnelle.

L'une de nous avait, dans la forêt de la Matte, dans les Pyrénées cette fois, un coin à champignons super (girolles et cèpes garantis). Une coupe rase fut pratiquée justement là il y a une dizaine d'années. Résultat, plus un champignon et les arbres ne repoussent pas. Ce qui était un coin de forêt dense est devenu une banale clairière fleurie comme il y en a ailleurs dans la même forêt. Alors « destruction », oui, « renouveau » sûrement pas.

... le pastoralisme ...

Contrairement à ce que des esprits simples pourraient penser, il y a un lien entre la gestion forestière et l'élevage en altitude. Ce lien est tout simple : l'ONF[92] gère les deux et l'idéologie, c'est bien connu, marche pour tout. Nous avons raconté longuement toutes nos misères dues aux moutons. Si les moutons montent, toujours plus haut dans les estives et envahissent le territoire des isards, c'est aussi au nom de la sacro-sainte biodiversité.

---

92. Au titre de la « gestion durable », « L'ONF s'engage (…) à protéger la biodiversité » www.onf.fr/filièrebois

Le pastoralisme tellement à la mode aujourd'hui est une pratique assez récente dans les Pyrénées. L'élevage de bétail à la montagne est une permanence de longue durée. Les bêtes commençaient par paître aux alentours du village puis, peu à peu, montaient manger un peu plus haut à mesure que la saison s'avançait. Dans les Pyrénées, les troupeaux paissaient dans les vallées de leur commune qu'ils remontaient lentement avec le berger, son bâton et ses chiens. Mais jamais personne n'avait vu un mouton ou une vache là où gambadaient les isards, sur les hauts plateaux, tout près ou même autour des névés.

Aujourd'hui, on transporte les bestiaux en camions. Quant ils viennent du Loir-et-Cher, ça se comprend. Les gens du cru ont copié les étrangers et ils font maintenant monter leurs troupeaux aussi haut, mais à pattes.

Quel rapport avec la biodiversité direz-vous. Il est loin d'être évident et, pour tout dire, nous n'en sommes pas encore revenus. Il s'agit de promouvoir une « biodiversité contrôlée et choisie[93] », ce qui veut dire tout simplement qu'il faut préserver les prairies en montagne et empêcher que la forêt peu favorable à la biodiversité n'envahisse tout.

On dira qu'il y a toujours eu des prairies en montagne, qu'elles étaient naturelles, créées par les avalanches, les incendies et tondues par la faune sauvage. Aujourd'hui, il y a toujours des avalanches, des incendies, plus de faune sauvage, mais il y a les pistes de ski pour remplacer. On ne parle jamais de cela. On dit que le pastoralisme préserve les prairies parce que les moutons broutent tout ce qui pousse et interdisent ainsi une invasion forestière. Au passage nous ne voyons pas trop bien quel inconvénient il y aurait si les forêts étaient plus étendues en montagne. C'est que nous sommes bornés, nous avons oublié la bio-

---

93. www.buvettedesalpages.be/2007/10:biodiversité-co . Les gens qui s'expriment sur ce site internet pensent que « c'est le délire total ».

diversité, et la forêt est pauvre de ce point de vue. Donc il faut des moutons, toujours plus de moutons pour qu'ils mangent tous ce qui dépasse **et** transportent des graines sous leurs pattes tout en faisant de grosses crottes pleines de graines. Ainsi, grâce aux brebis on peut se rouler dans de vertes prairies égayées de fleurs de toutes les couleurs. Le pastoralisme jouerait ainsi un rôle majeur dans les équilibres montagnards actuels. Prétendre gérer les prairies de montagne, faut oser !

Nous avons dit qu'il s'agissait d'idéologie, donc d'affirmations fausses. Et, de fait il y a un *hic* : La sympathique Buvette des alpages dit que « *les moutons ne bloquent pas la progression d'espèces végétales qu'ils ne consomment pas (fougères, rhododendrons, saules, airelles, genévriers, par exemple(...). A l'inverse le surpâturage des moutons finit par interdire la floraison, la reproduction et finalement la présence de nombreuses espèces végétales. Les produits vétérinaires rejetés par les moutons détruisent les scarabées, les bousiers, par exemple, qui se nourrissent de leurs déjections, et les oiseaux qui mangent ces insectes* ». Et on est prié de ne pas oublier que les moutons provoquent des épidémies chez les isards et les bouquetins.

Le bilan du pastoralisme est donc loin d'être globalement positif. Ce serait plutôt le contraire.

... la chasse ...

Le rapprochement entre la chasse et la biodiversité semble plutôt cocasse puisque, par définition, à la chasse, on tue ce qui peut mettre en péril certaines espèces trop chassées.

Mais assez de ces raisonnements de Béotiens. Il faut pratiquer la philosophie à coups de marteau et bien se faire entrer dans le crâne les idées vraies pour oublier bien vite les vieilles. De toute façon, comme tout ce qui a plus de 50 ans, ces idées sont obsolètes et il faut aller de l'avant, comme en politique, c'est-à-dire réformer.

Alors, il faut bien se persuader que le but de la chasse, c'est, entre autres (tout de même) de préserver la biodiversité. Pensez, sans les chasseurs et l'ONF, les grands équilibres ne seraient pas surveillés : équilibres entre les espèces, équilibres génétiques au sein d'une même espèce[94], et surtout l'équilibre si cher à l'ONF et au CEMAGREF entre la faune et la flore. D'un côté, on a besoin des moutons pour protéger la montagne contre la forêt qui risquerait de tout envahir, de l'autre, les prélèvements de grand gibier sont indispensables si on veut limiter les dégâts causés par les cervidés qui nous la feraient disparaître ou qui la mettraient en piteux état. Car il ne faut pas se tromper de cible, les pistes de ski n'on rien à voir ici et ne défigurent pas la montagne (normal, les sports d'hiver sont aussi une façon de gérer et ONF, chasseurs, Régie des stations et pastoralisme s'entendent comme larrons en foire).

En principe, tout le monde, sans trop savoir pourquoi d'ailleurs, est partisan de la biodiversité et s'en veut le défenseur contre les chasseurs de baleines et de bébés phoques et contre le réchauffement climatique qui met en péril l'ours polaire.

Mais on oublie souvent quelque chose de très important : l'homme n'a pas tout pouvoir sur la création ou sur la destruction : il n'est pas l'auteur de la sélection naturelle et bien des espèces ont disparu sans qu'il en soit responsable tout simplement parce qu'il n'existait pas encore (les

---

94. Voir plus loin.

dinosaures, par exemple) : la diversité des espèces ne dépend de lui que pour une part infime. Même chose pour les fameux équilibres qu'il prétend établir. Souvent (pas toujours) la nature fait bien les choses toute seule et l'homme fait preuve de présomption lorsqu'il prétend tout régenter.

Par exemple, l'un des arguments des chasseurs pour justifier la chasse des mâles adultes est qu'il faut éviter que seul un petit nombre de mâles dominants soient les seuls reproducteurs, ce qui causerait un appauvrissement de la race. C'est oublier que les isards ignorent la fidélité, que les mâles n'ont pas de territoire propre et que les vieux se battent entre eux pour les femelles, qu'ils s'y épuisent et laissent, si on peut dire, la place aux jeunes. Il faut aussi éviter que ne se forment des hardes d'isards trop grandes à cause des dangers génétiques de la reproduction en vase clos, de façon endogène dirions-nous, qui ferait nécessairement apparaître des tares. Cet argument ne tient pas : il a été magistralement réfuté par Claude Lévi-Strauss dans *Les structures élémentaires de la parenté*[95]. On devrait tenir le même raisonnement pour les sociétés primitives qui sont souvent, comme les Bororos ou les Nambikwara[96], strictement endogamiques. Or, Lévi-Strauss les a connus. Il réfute cette idée reçue de façon très simple et très logique. Contrairement à ce qui se dit partout, ce ne sont pas les unions consanguines qui font apparaître des tares. Des tares (des anomalies génétiques) apparaissent partout mais relèvent uniquement du hasard. Ensuite, elles se transmettront génétiquement de façon nécessaire. Si, dans un groupe endogame[97], une tare existe elle sera reproduite et le groupe sera tôt ou tard éliminé par la

---

95. pp. 15 à 19.
96. *Tristes tropiques*, Plon 1955, sixième et septième partie.
97. Tout le monde pense immédiatement à certaines familles royales d'Europe qui mariaient les cousins. Mais les tares génétiques étaient déjà là !

sélection naturelle. Mais s'il n'y a pas de tare, rien ne se produira et on aura même, au contraire un groupe parfaitement sain. Si l'opinion avait raison, les éleveurs de chevaux ou de chiens ne croiseraient pas systématiquement des sujets d'une même famille ! Et Lévi-Strauss d'enfoncer le clou de sa thèse en constatant que de nombreuses tribus primitives, par le biais des mariages préférentiels entre cousins croisés, pratiquent systématiquement l'endogamie depuis la nuit des temps.

... à condition qu'elle soit adaptée

L'instauration des plans de chasse ou de la chasse scientifique font penser que, du point de vue des chasseurs et de l'ONF, les problèmes sont réglés et que tout le monde est content, comme l'ONF qui ne cesse de proclamer son autosatisfaction et qui inonde internet de publicités. Curieusement, les chasseurs, eux, ne sont pas satisfaits. Les ingrats, après tout ce que l'ONF a fait pour eux !

On est pour le moins surpris lorsqu'on lit la prose du Syndicat des chasseurs et on est tenté d'y voir une énorme contradiction : les mêmes qui réclament la réouverture de la chasse au mouflon, qui geignent de devoir se partager un isard à 4, donc qui semblent se plaindre de pas pouvoir tuer assez de gibier se plaignent : «*L'envolée démographique du gros gibier menace* ». Et ils accusent la mauvaise gestion de « *l'équilibre biologique* » dans les termes suivants : ils dénoncent « *une situation paradoxale dans un pays ayant institué en 1963 le système des plans de chasse, généralisé en 1979 à tous les départements **pour protéger** les cerfs, chevreuils, chamois, mouflons ou isards* ». « *Instaurés pour protéger des espèces menacées* *de disparition, les plans de chasse* [ce sont les chasseurs qui parlent] *se révèlent inadaptés à la régulation des surpopulations. Pour preuve, la différence entre les autorisations de prélèvement et leurs réalisations* »[98] ce qui remettrait en cause la gestion durable de la forêt, disent-ils. Et de nous servir le discours convenu sur les dégâts des cervidés en forêt ce qui « *pourrait avoir un impact sur la biodiversité, avec le risque de voir disparaître certaines essences* ». Et, après avoir dénoncé la complication et la précision inutiles des plans de chasse « *trop complexes qui distinguent, outre les catégories –jeunes, biche et mâle-, des subdivisions à l'intérieur des mâles* » qui rendent « *très délicate de prendre la décision de tirer* », ils disent carrément que « *L'explosion démographique du grand gibier provoque une profonde remise en cause de la chasse. Une approche plus scientifique* [encore !] *semble nécessaire, afin de* **restaurer l'équilibre écologique.** *De loisir controversé, la chasse pourrait devenir* **un véritable instrument de maintien de l'harmonie entre l'homme et la nature** [99] » Rien que ça !

Rien de nouveau sous le soleil direz-vous. Peut-être, mais ce qui est nouveau, c'est cette attaque des plans de chasse par les chasseurs et cette accusation : l'ONF a trop bien réussi.

On peut légitimement se demander quelle mouche les a piqués. Mais tout s'éclaire si on lit le sous-titre de l'article : « Le fragile système de l'indemnisation des dégâts » et si on prend garde au début de l'article : « *Les chasseurs déboursent 21,5 millions d'euros par an pour indemniser les dégâts commis par le gibier sur les récoltes* ». Ils nous bassinent avec la biodiversité, l'équilibre écologique et, en fait, la cause de leur ire, c'est le fric

---

98. Voir p. 132.
99. www.syndicatdelachasse.com/actualite/oct/grand-gibier.htm

qu'ils doivent dépenser pour les cultivateurs. On se gargarise de grands mots mais la cause réelle est toujours économique.

Ce qui précède ne semble pas très logique (mais avec les chasseurs il faut s'attendre à tout ou presque) ; mais si on réfléchit un peu on les reconnaît bien là. Ce qu'ils veulent, en réalité, comme toujours, c'est chasser plus longtemps (en supprimant le jour sans chasse quand il existe), plus facilement (en supprimant les plans de chasse ou en les assouplissant pour pouvoir tirer sur tout ce qui bouge) et surtout, c'est débourser moins de fric. Comme le fait remarquer Simon Charbonneau, Président de l'ANCER[100], qui est un rien de mauvaise foi : « *Puisque la faune sauvage est considérée comme patrimoine national, la collectivité* [nous] *devrait participer au financement auprès des victimes* », ce qui n'est pas très logique puisqu'il vient d'expliquer que les chasseurs sont aussi largement responsables de ce qu'ils dénoncent : « *Des pratiques mal maîtrisées ont aussi joué un rôle : l'agrainage [action d'appâter avec du grain] des animaux sauvages dans les chasses privées a contribué au déséquilibre, tout comme l'élevage de cochongliers, ces hybrides de cochons et de sangliers qui se reproduisent plus vite* ». Il oublie les élevages de gibiers en tous genres (y compris de sangliers de pure race) ; il met aussi en cause les agriculteurs et la culture intensive du maïs, etc. Mais sa conclusion est tout à fait dans la ligne : « *Les grands gibiers n'ayant plus de prédateurs, la chasse est indispensable pour maintenir un équilibre écologique. Mais il ne faut pas la réduire à cette fonction de régulation. Elle présente avant tout un caractère* **culturel** ». On ne comprend pas bien ce qu'il veut dire par « *culturel* » (qui appartient à la culture d'un peuple ?) même si on lit ce qui vient immédiatement après : « *Re-*

---

100. Association nationale pour une chasse écologiquement responsable.

gardez l'expérience du canton de Genève. Pour des raisons idéologiques, la chasse y a été interdite. Et ce sont des gardes, au statut de fonctionnaires, qui sont payés pour effectuer les prélèvements d'animaux [de sangliers] *sans aucune passion. En France, ce sont les chasseurs qui paient pour chasser* ».

Même parfois, le torchon brûle entre les chasseurs et l'ONF, en particulier dans le Bas Rhin (mais il paraît que ce n'est pas un cas isolé), à l'Ecole de La Petite Pierre, au point que l'UCA (Union cynégétique d'Alsace) a écrit le 09/02/2008 une lettre de protestation à Michel Barnier pour se plaindre de L'ONF[101]. Le différend entre les chasseurs alsaciens et l'ONF est fort confus mais peut se résumer en une phrase : « *Les directeurs de l'ONF (…) ne parlent que de rentabilité et rentabilité* ». L'ONF semble vouloir jouer sur plusieurs tableaux : gagner le plus d'argent possible avec la chasse en augmentant le nombre de cerfs et de sangliers mis au plan de chasse « *même sur les massifs où ils sont tout simplement absents (…) en fixant des quotas inatteignables **et** avec le bois (…) : l'envolée du pétrole voit l'attrait pour le bois augmenter, alors (…) l'heure est aux coupes blanches* ». Mais ce qui rend les chasseurs alsaciens furieux c'est une nouvelle pratique de l'ONF : **faire payer une amende :** « *il y en a un* [garde] *qui n'a rien voulu savoir et a mis 380 euros d'amende pour non réalisation du plan de chasse* » On punit ceux qui ne tuent pas assez pour qu'ils tuent plus, ce qui fait dire à ces victimes de la rapacité de l'ONF : « *Soyons clairs, la volonté est purement et simplement d'éradiquer les cerfs, voire les sangliers* », ce qui n'arrange pas les bouchons des chasseurs qui veulent continuer à avoir du gibier à se mettre sous la carabine et qui ont surnommé l'ONF « ***Organisme nuisible à la faune*** » !

---

101. Forum Sangliers.net

Haro sur les nuisibles

Qui ne verrait qu'un défenseur de la biodiversité ne peut, sous peine de se prendre les pieds dans une énorme contradiction, parler de mauvaises herbes ou d'espèces « nuisibles » ?

C'est tout à fait par hasard que nous avons découvert ce substantif (en français, « nuisible » est un adjectif). Un soir, nous racontions à notre ami Marc que nous avions eu la chance, à l'aube, de filmer un couple de renards tout à fait trognons. Hurlement de sa part : « Pas sur le plateau ! ». Nous qui étions tout contents d'avoir des images de ce bel animal si rare pour nous, avons eu la maladresse d'ajouter que si, justement. Nous avons concédé que le couple que nous avions filmé ne se trouvait pas exactement sur le plateau, mais, en réalité au bord de la route forestière qui monte un peu au début, mais que c'était dans un champ, juste à la lisière du village, à 500 mètres au plus, et que (le ton péremptoire de Marc-je-sais-tout nous amusait plutôt) nous avions vu à nouveau un renard au retour, l'après-midi, et que là, c'était bien en plein sur le plateau puisque le renard avait traversé la route départementale devant nous pour s'enfuir dans un champ qui venait d'être fauché. Na !

- Impossible ! Impossible !
- Et pourquoi donc ?
- Parce qu'il n'y en a pas !
- Comment ça ? Il y a bien des belettes, des fouines ...
- Vous avez confondu avec des écureuils !
- Tu nous prends pour des cons ? C'étaient peut-être des loups tant que tu y es, ou des ours ?
- Ce serait moins invraisemblable ! On vous dit qu'il n'y a pas de renards ici ! Ah ! ces parisiens !

- Et pourquoi n'y aurait-il pas de renards ici, sur le plateau, il y a bien des lynx là haut !
- Parce que nous les avons **tous** tués, tous enfumés. Il n'en reste plus un seul. D'ailleurs, nous irons faire un tour par là. S'il y en a, il faut qu'on s'en occupe, et vite. Nous sommes en août.
- ? ? ? Mais enfin, qu'est-ce qu'ils vous ont fait ? Vous n'élevez pas des poules !
- Ces parisiens, ils sont vraiment bouchés. Vous ne savez donc pas que ce sont des nuisibles ?
- Des quoi ?
- Des nuisibles qui mangent les œufs de cailles ou de perdrix dans les champs !

Nous avons tout compris en une seconde : les renards sont nuisibles **pour les chasseurs** qui, faute d'isards, de biches et autre gros gibier ne dédaignent pas, pour ne pas rentrer bredouilles, de tirer faisans et perdrix. Marc et ses deux copains chasseurs qui étaient là en étaient encore tout retournés.

Depuis nous ne leur avons plus jamais parlé de renards mais nous avons cherché à en savoir un peu plus car nous étions effectivement complètement ignares en la matière. Et nous en avons appris de belles. Nous avons trouvé, grâce à Google toujours, une association fort sympathique, le RAC[102], à qui nous empruntons ici quelques informations et citations[103].

Leur thèse peut se résumer simplement : certains animaux sauvages sont déclarés officiellement nuisibles, ils doivent donc être détruits. Ils sont « *accusés de porter*

---

102. Rassemblement Anti Chasse, B.P. 500 Mérignac cedex ; www.antichasse.com
103. Le RAC et d'autres associations ont publié un petit dossier intitulé *Pourquoi certaines espèces animales sont classées nuisibles ?*

préjudice aux équilibres biologiques et aux pratiques agricoles. Mais le véritable chef d'accusation qui les vise est de nuire aux intérêts des chasseurs ». C'est le Ministère de l'écologie et du développement durable qui fixe la liste des nuisibles « *en fonction des dommages que ces animaux peuvent causer aux activités humaines et aux équilibres biologiques.* »

Parmi eux, on trouve la belette, la fouine, le lapin de garenne, la martre, le putois, le ragondin, le rat musqué, le raton laveur, le renard, le sanglier, le vison d'Amérique, le corbeau freux, la corneille noire, l'étourneau sansonnet, le geai des chênes, la pie bavarde, le pigeon ramier (palombe). Il y a aussi le cormoran. Et la liste change selon les Ministres[104] qui décident d'après l'avis du Conseil national de la Chasse et de la Faune Sauvage qui est composé d'une majorité de chasseurs. Il y a bien sûr l'équivalent au niveau départemental. C'est le préfet qui décide à son niveau mais le préfet est plus explicite en ce qui concerne les « *activités humaines* ». Il faut noter qu'en aucun cas le décret du préfet n'évoque la chasse (comme c'est curieux, comme c'est étrange ...) alors que, dans les faits[105], ce sont les chasseurs qui font la loi et qui veulent la peau du renard.

Il y a bien des façons de détruire ces indésirables : « tuons-les tous ! »
- d'abord on les chasse au fusil ou à l'arc (les chasseurs disent que c'est un bon entraînement) ; il faut avoir son permis de chasse mais cette chasse est autorisée toute l'année et même la nuit

---

104. En 2002 Yves Cochet avait retiré de la liste la martre, la belette et le putois ; en 2003 Roselyne Bachelot les y a remis.
105. Nous épargnons au lecteur la composition détaillée de ces commissions. Voir le dossier du RAC cité plus haut, chap. 3.

- ensuite le piégeage[106] pratiqué par des piégeurs agréés par l'ONCFS (on en comptait 86 554 en 1985) qui verse même une prime pour certaines espèces ;
- le déterrage ou vénerie sous terre qui consiste à localiser l'animal dans son terrier puis à creuser pour le déterrer afin de le saisir avec des pinces et de le tuer. L'enfumage est une variété de déterrage ;
- la destruction par toxiques (essentiellement des anticoagulants) ;
- les oiseaux de chasse, surtout le grand duc.

Bien entendu, puisque tous les moyens sont bons pour les détruire, aucune limite n'est fixée, on peut les exterminer à volonté.

Comme il n'est pas très sérieux d'invoquer les dégâts causés aux cultures et aux récoltes pour justifier le classement en « nuisibles », l'argument le plus souvent invoqué est celui de « *la protection de la faune* ». Encore faudrait-il savoir de quelle faune on parle. Il ne s'agit pas de la faune sauvage (dont font partie les indésirables) mais « *du gibier réservé aux chasseurs, et notamment du petit gibier spécialement* **produit** *dans des élevages professionnels et destiné à l'usage unique des chasseurs : faisans, perdrix, lapins et lièvres* ».On aboutit ainsi à cette aberration : au nom de la protection de la faune et de la biodiversité, tandis que du gibier est élevé à grands frais pour le plaisir des chasseurs, des animaux sauvages (qui appartiennent réellement à la faune sauvage)[107] sont sacrifiés au nom de ce loisir qu'est la chasse, violant le principe fondamental selon lequel il faut, dans la nature, que tout le monde vive.

Offrons-nous une parenthèse. Nous avons un faible pour les charmantes minuscules mésanges bleues ou bo-

---

106. Sauf pour le sanglier.
107. Suivez notre regard : l'ONCFS.

réales qui nichent dans les grands pins en face de chez nous en Capcir et sont habituées à venir se régaler de graines de tournesol jusque dans la maison et qui frappent aux carreaux quand il n'y a plus rien à manger. Une année, plus ou presque plus de mésanges. Nous avons d'abord pensé qu'elles n'avaient pas survécu à l'hiver particulièrement rigoureux cette année-là. Nous trouvions une consolation à écouter le chant délicat et mélodieux des faucons crécerelles qui nichaient à deux cent mètres de là chez Marc. Mais, de façon inhabituelle, ces jeunes faucons tournaient inlassablement au dessus des arbres. Et nous avons fait le rapprochement : les faucons avaient trouvé les nids des mésanges et n'avaient fait que quelques becquées des oisillons encore incapables de voler. L'une de nous en pleura pour de bon mais finit par reconnaître que les faucons n'étaient pas herbivores. L'année suivante (comment et pourquoi, nous l'ignorons totalement) les mésanges étaient de nouveau à leur poste.

Les nombreuses revues de chasseurs regorgent de descriptions des méfaits de ces « prédateurs » comme sont qualifiés les nuisibles. Tous y passent. Nous vous épargnons le détail. Ce qui est assez étonnant, c'est de rencontrer parfois un ton lyrique dans ces articles. Qu'on en juge : « *Gestion, sacré mot ! Sacrée réalité ! Et sacré boulot !* (…) *car il y a du renard et il **faut le réguler. Pour la chasse et le gibier**, mais aussi pour défendre les agriculteurs.* »[108].

On trouve des articles de la même farine dans la presse spécialisée des piégeurs (mais oui, c'est vrai, ils ont des revues à eux !). Par exemple : « *La chasse au grand duc, connue depuis très longtemps,* jouit *depuis une vingtaine d'années d'un regain de popularité justifiée par le plaisir qu'on y prend.* (…). *L'affût au grand duc est pro-*

---

108. *Le chasseur de Petit Gibier,* juin 2006.

ductif et dirons-nous amusant »[109]. Ou encore « ***La nature a besoin de nous, piégeurs agrées,*** *convaincus, ô combien que l'action que nous menons sert notre environnement **nous le faisons avec amour**, sans contrainte, soucieux de réussir pour aider ceux qui ont besoin de nous, les oiseaux, le petit gibier ... victimes d'une prédation*[110] *trop souvent excessive »*[111]

Nous l'avons dit, ce concept de « nuisibles » nous a surpris, et nous avons été étonnés de voir classer parmi ces indésirables le geai, la pie, la palombe ... et le ragondin.

A côté d'Arcachon, il y a un Parc ornithologique, le Parc du Tech. On n'y voit pas beaucoup d'oiseaux, mais il y a une allée consacrée aux nuisibles (on se demande bien quel est le rapport avec la choucroute) et on y trouve beaucoup de méchancetés sur le ragondin, en particulier des photos qui font croire qu'il a d'immenses dents rougies par le sang de ses victimes. Mais au fait, que reproche-t-on à ce pauvre ragondin qui n'est certes pas très beau mais qui ressemble à un castor très discret. Le ragondin vit dans l'eau. Officiellement on l'accuse de détruire des plans de maïs ; mais, à notre connaissance, on ne cultive guère le maïs au bord des étangs girondins. Il nous a fallu un certain temps pour comprendre que le ragondin s'en prend aux nids des canards colvert qui constituent 80% des oiseaux d'eau tués par les chasseurs. Ce n'est tout de même pas une raison pour le présenter comme un danger public !

---

109. *Le magazine du piégeur et du Garde-Chasse*, novembre 2006.
110. Il faut comprendre, bien entendu, que le gibier d'élevage est la proie des nuisibles
111. *Pourquoi certaines espèces animales sont classées nuisibles ?* p. 39

Le revers de la médaille

Le mot biodiversité est récent. Avant, on ne parlait que de protection des espèces, des espèces en voie de disparition, etc. Les changements de vocabulaire sont rarement innocents et ce n'est pas par hasard si Luc Ferry qui court toujours après les modes faciles à rattraper a intitulé un de ses derniers ouvrages *L'arbre, l'animal et l'homme*. Tout ce qui est vivant est mis dans le même sac. Mort à Aristote et à Descartes ! On se souvient que c'est au nom de la biodiversité que l'ONF justifie sa politique globale.

Mais, comme toujours, dès qu'il s'agit de ce qu'on appelle tout de même encore écologie, comme dans *Nekrassov* de Sartre, il suffit que deux écolos se rencontrent pour qu'ils se battent comme des chiffonniers, exactement comme les trotskistes dont nous avons en France trois variétés, rien que cela. Il y a aussi des variétés très différentes chez les défenseurs de la biodiversité, par exemple, ceux qui ne pensent qu'aux plantes, aux arbres, aux forêts, aux moutons et estives, et ceux qui en pincent pour la biodiversité intégrale et qui ont milité pour la réintroduction en France du lynx, du loup et surtout de l'ours.

Nous disons surtout de l'ours, parce que les lynx et les loups sont venus tous seuls, à pattes des régions frontalières comme le Mercantour[112]. L'ours, comme les étranges lucarnes nous l'ont abondamment montré, a dû être transporté en camionnette depuis la Slovénie. Il s'agit donc là, comme dirait Aristote, d'un acte volontaire délibéré, non d'un accident. D'où le combat de ces modernes Horaces et Curiace que sont les bergers ou les propriétaires de moutons et les défenseurs de l'ours. L'ours est,

---

112. C'est possible, mais ça fait quand même une sacrée trotte pour les loups et beaucoup d'autoroutes à traverser pour se retrouver dans les Pyrénées.

nous avons tous appris ça à l'école primaire, omnivore et donc ne dédaigne pas les moutons[113]. On connaît les trépignements hystériques des pasteurs qui accusent les quelques ours pyrénéens de décimer leurs chers troupeaux, de tuer les moutons pour le plaisir, de les empêcher de paître tranquilles, etc. Ce qu'ils oublient de dire c'est qu'ils veulent bénéficier des 35 heures, d'un HLM, de la télé, qu'il n'est pas question de passer la nuit dans une caravane au milieu des bêtes non plus que de les enfermer le soir avec une clôture électrifiée (c'est trop fatigant et les troupeaux sont désormais trop gros). D'où le fameux patou qui est là pour faire peur à l'ours, d'où la bergerie automatique et tout ce qui s'ensuit. Ils oublient que bien des moutons sont égorgés par des chiens errants et même, aux dires de notre berger syndicaliste, par le patou qui n'est pas végétarien, lui, et qui, faute de croquettes …

Certains défenseurs de l'ours [114] écrivent que « *plus de la moitié des troupeaux d'élevage extensif pour la viande est lâché dans* la nature, *sans aucun gardiennage ou regroupement. Autrefois les bergers vivaient en montagne avec leurs troupeaux, aujourd'hui, ils ne montent que 2 fois l'an en 4x4, en se contentant de comptabiliser, en fin de saison le nombre de têtes manquantes* (…). Ils perdent entre 10 000 et 20 000 bêtes chaque année et, selon le Ministère de l'écologie, les ours n'en tuent qu' « *environ 200* »

Les éleveurs sont également très pudiques sur les grasses indemnités que leur verse l'Etat pour chaque mouton tué par l'ours : 280 euros pour une brebis tuée par un

---

113. On se souviendra de la délectable remarque de Jack Lang qui a dit tout benoîtement qu'on aurait dû choisir uniquement des ours végétariens. L'ennui, c'est que l'unique variété ursine adéquate est le panda qui ne bouffe que des bambous et ne vit qu'en Chine. Nul ne peut tout connaître, mais il est parfois sage de savoir se taire.

114. www.veganimal.info

ours alors que la même brebis est vendue 120 euros sur un marché. On comprend qu'ils mettent tout sur le dos de quelques *spécimens* (qui ne peuvent pas se taper tous les moutons de toutes les Pyrénées), qu'ils soient muets sur les méchouis dont ils ne se privent pas, comme l'avait remarqué La Fontaine, et sur le contenu ovin de leur congélateur.

Ils ont, non seulement très bien compris l'utilité (?) du patou mais ils ont assimilé parfaitement le charabia ambiant pour se déclarer d'utilité publique comme en témoigne ce morceau :

« *La biodiversité ne peut être maintenue que* (sic) *grâce au pastoralisme tant décrié (...). Sans le pastoralisme et sans le développement de celui-ci, la biodiversité n'existerait plus. C'est un sujet largement abordé dans le cadre de Natura 2000* ».

Soyons brefs et sérieux sur la question de l'ours. Son introduction n'est qu'une entreprise publicitaire largement soutenue pas certains villages qui font de sa présence supposée (on ne le voit pas) l'occasion de multiples activités touristiques[115]. Il fallait aussi, pour le Ministère, donner un semblant de travail à l'ONCFS, largement dépossédé de la chasse par l'ONF, et justifier les deux dernières lettres de son sigle.

Nous ne développerons pas ce point, mais il faut tout de même rétablir la vérité : sous prétexte de protéger ce loisir qu'est la chasse, la destruction des nuisibles met en péril certaines espèces. Un seul exemple : le déclin des pies bavardes en France depuis 1994 est estimé à 74% ! En outre, les arguments des chasseurs sont souvent des

---

115. Il y a peu de temps, il existait même dans notre région un numéro de téléphone qui donnait la position supposée de l'ours, pour faire rêver le touriste sans doute et faire peur aux enfants.

mensonges : nombre de ces nuisibles, loin de porter préjudice aux agriculteurs leur sont une aide précieuse : les oiseaux se nourrissent d'insectes et de larves, par exemple. Mais on préfère les insecticides...

On peut résumer tout ceci simplement : dans l'intérêt des chasseurs, on protège le gibier d'élevage, un marché important, et on détruit une partie de la faune sauvage. Et tout ceci est fait sous couvert de « Protection de la nature et de l'environnement » par le Ministère de l'Ecologie et du Développement Durable, qui est aussi ...le Ministère de la Chasse.

CHAPITRE 3

LA DIALECTIQUE MAOÏSTE DU CHASSEUR ET DE L'ECOLO

Au commencement était le chasseur. C'est bien connu, les premiers hommes vivaient de chasse et de cueillette.

L'écologie a d'abord été scientifique, elle est apparue tardivement avec Ernst Haeckel : « *Par* écologie, *nous entendons la totalité de la science des relations de l'organisme avec l'environnement, comprenant, au sens large toutes les* « conditions d'existence »[116]. C'est comme disciple fervent de Darwin qu'Haeckel a été amené, à cause de la sélection naturelle, à étudier ces relations puisque c'est le milieu qui sélectionne les individus et les espèces qui vont survivre. L'écologie, avant de cesser d'être une science pour devenir une idéologie, avait un champ de recherche quasi infini et cherchait, pour prendre un exemple parmi des milliers, à expliquer la pullulation de certaines espèces d'étoiles de mer dans les fosses marines les plus profondes. On voit que l'homme n'était pas objet de son étude puisqu'il s'agissait d'expliquer la sélection **naturelle**. C'est en 1929 que V.E. Shelford définit l'écologie dans un sens plus large comme « la science des communautés », intégrant ainsi les plantes, les animaux et les hommes.

L'écologie est, au départ au moins, une science de la nature, alors que la chasse qui reste toujours une technique est devenue un loisir. On ne voit guère comment une démarche purement spéculative et une activité entièrement

---

116. *Generelle Morphologie des Organismen,* Berlin, 1866.

pratique pourraient entretenir des rapports quels qu'ils soient.

Mais si la chasse n'a guère changé dans son essence (tuer des animaux) sinon dans son but (autrefois se nourrir, maintenant se divertir), l'écologie est devenue, du moins dans son acception commune, tout à fait autre chose. L'écologie est devenue défense (même extrémiste) de la nature, protection de l'environnement et même un mouvement politique protéiforme : de spéculative, elle est devenue active. De ce fait, chasseurs et écolos ont d'abord naturellement été les pires ennemis : destruction contre protection. Rien là que de très normal puisque les buts des uns et des autres sont radicalement opposés.

Ce qui semble ubuesque, c'est la situation actuelle : les buts des uns et des autres n'ont pas changé, or, tout le monde s'en va proclamant comme une vérité indiscutable que leur combat est le même. Bien mieux, les chasseurs seraient les meilleurs auxiliaires de l'écologie au point que sans la chasse on assisterait impuissants à la destruction des sacro-saints équilibres naturels.

On ne peut s'empêcher de penser ici au Grand Timonier : unité, mais toujours contradiction principale, puis contradictions secondaires ou déplacement de la contradiction. Tout, y compris les phénomènes naturels, est régi par la dialectique[117]. La contradiction principale est, en apparence celle des chasseurs et des écolos et le déplacement de cette contradiction est l'opposition entre les pro-ours et les anti-ours. Mais grâce à l'identité des contraires tout le monde se réconcilie.

Comment en est-on arrivé à ce qui est aux yeux du *vulgum pecus* (dont nous nous réclamons ici) le plus insoutenable des paradoxes ? Par une série de tours de passe-passe concoctés par le lobby des chasseurs et l'ONF

---

117. Le Président Mao a largement déformé la thèse de Engels.

passés inaperçus à cause de la naïveté (ou de la mauvaise foi des écolos)

Pourtant, depuis pas mal de temps, les chasseurs étaient en position très défavorable. Face aux doux[118] écolos, les chasseurs apparaissaient souvent comme des rustres sanguinaires et primaires. Par quelle transsubstantiation les choses se sont-elles inversées ? bien entendu, le renversement ne s'est pas fait dans la réalité, il s'est produit dans les mots par des euphémismes. C'est un peu comme la guerre en Irak : ne dites plus « bombardements », dites « frappes chirurgicales », ne dites plus « victimes civiles », dites « dommages collatéraux », ne dites plus « vitrifier » un village, dites « sécuriser », etc.

On a vu[119] comment l'ONF définit désormais ses objectifs, comment l'ONF est friand de ressources propres et s'est transformé en tour opérateur, en G.O. et comment on a persuadé le bon peuple qu'il était impératif, non pas de tuer, quelle barbarie, mais de prélever un certain nombre d'animaux pour le plus grand bien de tous (y compris du gibier). Certains[120] demandent que la chasse soit interdite comme c'est le cas dans le Canton de Genève. On leur répond par des arguments de mauvaise foi : s'il n'y avait plus de prélèvement faits par les chasseurs, il faudrait engager des gardes pour le faire, sinon, gare à la pullulation et aux dégâts causés par le grand gibier !

Il ne faut certes pas diviniser la nature, la voir à l'instar de Victor Hugo, comme une déesse protectrice qui veille bien à tout, partout, ni même, comme Aristote, dire simplement que la nature fait bien les choses parce que, malgré son finalisme, ce dernier reconnaissait que parfois la

---

118. En France du moins. En Grande Bretagne et aux Etats-Unis, il existe des mouvements écologistes carrément terroristes. Voir *Le monde diplomatique d'Août 2004,* Les guerilleros de la cause animale.
119. Voir 2ème partie, chap. 1 et 2.
120. Le R.A.C. par exemple.

nature se trompait (il attribuait cela au hasard) et produisait des monstres. Mais une chose est établie : la théorie darwinienne nous fait comprendre pourquoi il y a une tendance à l'équilibre (ou homéostasie) des écosystèmes : « *Un exemple de mécanisme homéostatique simple est celui du schéma de la régulation des rapports proie-prédateur : si, pour une raison quelconque, la quantité des proies d'une espèce prédatrice diminue, le manque de nourriture va entraîner une baisse du nombre des prédateurs en question ; dès lors, le nombre de leurs proies va s'élever, ce nombre augmentant, les prédateurs vont rencontrer des circonstance plus favorables, se multiplier plus aisément et augmenter en nombre, ceci faisant à nouveau baisser le nombre des proies disponibles... et ainsi de suite* »[121]. On nous objectera que l'isard n'a pas de prédateurs (mais il y a tout de même des lynx, des loups dans les Pyrénées et le renard s'attaque sans problème aux petits) mais à ce compte, l'aigle royal et le vautour non plus !

On peut se demander, en outre, ce que vaut l'argument selon lequel l'absence de prédateurs entraînerait une pullulation ou, au moins, une surpopulation. Considérons un instant le loup, l'ours, l'aigle royal. Leur seul prédateur est l'homme et il y a d'immenses contrées inhabitées par l'homme. Comment se fait-il que ces larges espaces ne soient pas envahis par les loups, les ours et les aigles ? La réponse est toute simple. Il faut encore relire Darwin : les prédateurs ne sont qu'un facteur parmi d'autres de la sélection naturelle et y sont soumis comme tout dans la biosphère. Les prédateurs en question doivent lutter contre le climat, les maladies et surtout trouver de la nourriture. Et si les œufs (ou les petits) des aigles sont victimes d'un autre prédateur ailé ? Etc. Etc....

---

121. Pascal Acot, *L'écologie*, P.U.F. 1977, p. 29.

Et ce sont bien les chasseurs qui ont fait disparaître le bouquetin des Pyrénées et presque l'isard dans les années 50. Peu importe, il faut absolument, qu'on soit de droite ou de gauche, donner une image positive des chasseurs (pour les premiers la chasse est ancrée dans la tradition, pour les seconds c'est une conquête révolutionnaire). Alors, pas de demi-mesure : les écolos et les chasseurs mènent le même combat. C'est ce que le Président Mao nommait « *l'unité des contraires* », concept qui ne veut rien dire mais qui a l'avantage de mettre tout le monde d'accord. Or, tout le monde veut que les chasseurs aient une bonne image. Pensez, ils disent[122] qu'il y a 1,3 millions de chasseurs en France donc 1,3 millions d'électeurs (et il ne faut pas oublier les épouses soumises qui votent comme leur mari). Pas question de se les aliéner. Pendant la dernière campagne présidentielle, les différentes associations de chasseurs avaient invité les candidats à une rencontre débat. Ils sont tous venus[123] et se sont tous bien entendus avec leurs interlocuteurs. Tous, sauf une héroïne pour l'occasion, Dominique Voynet qui a eu le courage de contester certaines de leurs thèses et qui, naturellement, s'est fait huer.

Ainsi, écologistes, bergers et chasseurs[124] vont main dans la main dans un monde parfait où tout le monde il est beau, tout le monde il est gentil. Le plus rigolo dans l'affaire, c'est que ce sont les écolos qui se sont fait avoir par la rhétorique ONFique : les chasseurs n'ont renoncé à

---

122. De mauvais esprits contestent ce chiffre en disant qu'il est établi d'après les permis de chasse. Or, beaucoup de chasseurs ont des permis sur plusieurs départements... Décidément, les comptages ...
123. M.G. Buffet, excusée était remplacée par Maxime Gremetz.
124..Les bergers et les chasseurs des Pyrénées ont un ennemi commun, l'ours qui dévore le gibier des uns et les moutons des autres. Le seul couac vient des écolos de ces mêmes Pyrénées qui défendent la réintroduction de l'ours au nom de la biodiversité.

rien (ils réclament sans vergogne la suppression du mercredi sans chasse, le droit de chasser les oiseaux la nuit et la réouverture de la chasse au bouquetin dans les Alpes).

Ils proclament haut et fort leurs résultats admirables : sous le titre « Les chasseurs gèrent le grand gibier et protègent la forêt ! », ils écrivent : « *Au cours de la saison 2005/2006, les chasseurs ont prélevé environ 520 000 chevreuils, 450 000 sangliers et 45 000 cerfs et biches, soit plus d'un million de grand gibiers. Sans ce prélèvement, les populations se développeraient de façon exponentielle et empêcheraient la régénération de la forêt. La chasse est indispensable à l'équilibre forestier !* [125] » Le monde change, la chasse aussi, elle est « *en position de force pour négocier le virage important de son entrée dans la modernité (…)*. « *Le chasseur se révèle un acteur incontournable de l'aménagement du territoire* ». L'auteur de la page intitulée « *Chasse, nature et biodiversité* », Charles Henri de Ponchalon, Président de la Fédération nationale des chasseurs conclut avec brio : « ***Plus que jamais, la chasse est l'écologie qui agit … pour le bien-être de tous*** »[126].

De façon surréaliste, on trouve ici l'idée de l'action réciproque, de la solidarité des contraires et de leur dépassement ; les différents aspects de la dialectique comme le dit Merleau-Ponty, très justement pour une fois, entretiennent des rapports qui « *sont des prodiges, des curiosités ou des paradoxes* »[127] Mais comme il faut cacher ces prodiges, chasseurs, écolos et ONF se voient contraints, sans le savoir, d'être maoïstes, ce qui est un comble au moins pour les chasseurs.

---

125. On croirait lire la prose de l'ONF.
126. www.chasseurdefrance.com
127. Maurice Merleau-Ponty, *Les aventures de la dialectique*, NRF, 1955, p. 275.

La dialectique suppose la gestion

Rien ne les arrêtera puisqu'ils œuvrent pour le bien commun, tout ce qui est vivant doit se plier aux règles et aux bienfaits de la gestion. Notre auteur, C.H. de Ponchalon, poursuit : « *il manque dans notre réseau un vaste territoire d'étude sur le petit gibier sédentaire qui permettrait de le gérer en parfaite cohérence avec les activités humaines* ». Ils ne vont tout de même pas se mettre à gérer les lapins, les grives et les alouettes !

Présomption de l'homme

Ce qu'oublient ces gens qui sont tout sauf braves et qui n'ont même pas l'excuse de sortir d'une école de commerce, c'est qu'on peut, certes, gérer pas mal de choses et, en particulier un budget, des marchandises, des stocks, mais qu'il est assez indécent de parler (on le dit) de gestion des ressources humaines ou du personnel (tout le monde se souvient du scandale provoqué par Michel Rocard lorsqu'il avait parlé des professeurs en exercice comme d'un « stock », que « gérer un problème » n'a pas un sens très clair et qu'une expression comme «gérer ses émotions ou ses sentiments » est un non-sens absolu alors même que savoir si l'homme peut dominer ses passions est un problème philosophique authentique. Aristote réserve le mot qui correspondrait à « gestion » à l'activité du père de famille qui prend soins des ressources et des richesses des siens en pratiquant des échanges avec les autres familles ; Descartes à qui toute forme de gestion est étrangère dit bien que l'homme ne doit pas chercher à changer l'ordre du monde et s'il écrit que l'homme pourra sans doute un jour se rendre **comme** maître et possesseur de la nature, grâce à la science, il pense d'abord à la maîtrise et à la possession intellectuelle, et ensuite que la médecine et la physique pourront sans doute permettre de guérir certaines maladies et rendre le travail des hommes moins pénible. Mais l'idée que l'homme pourrait administrer ce qui est régi par les lois de la nature lui eût semblée complètement dénuée de sens et c'est parce qu'il pense que les passions sont naturelle (et bonnes) que son *Traité* est tellement opposé à ce que dit Sénèque.

Tant qu'il s'agit de ce que produit l'homme et qui est donc artificiel, il est possible de gérer ; tel n'est pas le cas pour l'homme lui-même qui n'est pas une chose et qui est libre. On ne peut pas plus prétendre gérer la biosphère qui est naturelle, qui échappe largement à l'homme dans la mesure où elle relève du hasard et de la nécessité. Nous ne voulons pas dire par là que l'homme ne peut pas intervenir dans l'utilisation des ressources en charbon ou en pétrole ; nous ne pensons pas non plus, comme les écologistes rêveurs, que tout ce que fait la nature est bon. Nous pensons que prétendre qu'il ne faut raisonner qu'en termes de gestion (et surtout croire que l'homme est capable de gérer rationnellement la biodiversité, donc de l'administrer) est une illusion dangereuse et une marque gravissime d'inconscience et de présomption. Relisons d'urgence Montaigne et Pascal !

Une stratégie perverse

Ce Président d'une fédération de chasseurs qu'est Pierre Lang entreprend donc de faire ce que lui demande J.-P. Raffarin, examiner la gestion des réserves de chasse pour l'adapter.

Toute gestion étant publicitaire, il commence par expliquer que les pouvoirs publics doivent valoriser l'ensemble des réserves de chasse existantes et mettre en œuvre une « *stratégie nationale pour la biodiversité* ». Mais, adaptation oblige, cela suppose une « réorientation » parce que les objectifs qu'on s'était fixé en créant des réserves ont été, surtout pour le grand gibier de montagne, atteints. Il faut entendre que, grâce à une saine gestion, on a réparé les dégâts qui mettaient certaines espèces en danger. Mieux, on a si bien fait que maintenant, il y a trop de grand gibier ce qui fait que les réserves « **semblent moins nécessaires** » et que désormais il faudra rendre «*l'application du plan de chasse **dans les réserves obligatoire** au lieu de **possible***». On se souvient que, dans certains cas particuliers, on pouvait décider de mettre en œuvre un plan de chasse provisoirement dans une réserve. Désormais, ce sera une obligation. Voilà comment l'esprit vient à l'ONF ! S'il devient obligatoire de chasser dans les réserves, on se demande immédiatement ce qu'il reste des réserves, en quoi elles diffèrent de ce qui n'est pas réserve et qui est obligatoirement soumis au plan de chasse. C'est tellement évident que P. Lang conclut en disant, rappelons-le, qu'une fois « *les propositions de changement adoptées,* [il faudrait] *changer l'appellation des réserves de chasse et de faune sauvage qui prête à de nombreuses confusions dans l'esprit du public* ». Une fois qu'on aura, de fait, supprimé les réserves, il faudra bien se résoudre à supprimer aussi le mot ; ce n'est pas encore fait, d'où notre surprise (le mot est faible) lorsque nous avons appris qu'on chassait, avec des gardes de l'ONF, dans les réserves.

Naturellement, *Le chasseur français*[128] fait chorus : en citant Paul Havet (ONCFS) pour qui « en ce qui concerne le grand gibier, les réserves nationales ont atteint leur but qui était de permettre le développement des populations sur tout le territoire national. Elles n'auraient donc **plus lieu d'exister** et pourraient, à la limite, être supprimées, comme cela a été le cas pour la réserve du Markstein dans le Haut-Rhin. Cela étant, on envisage plutôt d'en faire des territoires d'étude et de recherche (TER) où l'accent serait mis, non seulement sur les populations animales, mais aussi sur l'habitat, afin de définir des modèles de gestion (!) applicables ailleurs ».

Et de conclure dans le goût du jour : « *Il faudrait peut-être qu'à l'avenir la notion de sanctuaire, où toute activité cynégétique est interdite, disparaisse pour laisser place à une* **gestion** *de la faune raisonnée ... et durable pour reprendre un terme à la mode.* »

L'idéologie au service de la démagogie ou Nicolas Sarkozy chassant sur les terres de Frédéric Nihous

Avant la dernière élection présidentielle, chaque candidat a naturellement chouchouté aussi les chasseurs mais on doit saluer bien bas la performance de Nicolas Sarkozy qui, indiscutablement, a été le meilleur.

---

128. Juin 2006, p. 38.

Nous serions tentés de reproduire ici intégralement le discours qu'il a prononcé le 20 février 2007 devant la fédération nationale des chasseurs tant il résume bien les arguments de la gent cynégétique et tant il a bien assimilé les conseils de son tapir.

L'introduction est un pur chef d'œuvre de renversement rhétorique : « *Vous le savez, je ne suis pas élu d'un milieu rural. Mais je sais le lien historique, le lien affectif, le lien incontournable qui unit la France et les chasseurs (…). Nous avons tous un ainé, un cousin, un parent chasseur* ». C'est faux mais qu'importe, ce qui compte c'est de faire oublier Neuilly et d'en venir à la seule chose importante. « *Les débats, notamment portés par le gouvernement avant 2002, sur la pertinence de la chasse n'ont aucun **sens**. La chasse, c'est un million et 300 000 chasseurs et leurs familles* ». Tout le monde aura compris qu'il n'est pas question de négliger tant d'électeurs. Mais la ficelle aurait été un peu grosse, même pour des chasseurs. Alors on contourne l'obstacle et on profite de l'occasion pour taper sur l'opposition au nom d'un monstrueux paralogisme : ce n'est pas parce qu'il y a plus d'un million de chasseurs que mettre la chasse en question **n'a aucun sens**. Il ne viendrait à l'esprit de personne de dire qu'il faut discuter de la réintroduction de l'esclavage parce qu'il y a plus d'un million d'esclavagistes en France.

Tout de suite l'essentiel du discours est résumé : « *La chasse, c'est une **gestion responsable et scientifique**. La chasse, c'est aussi l'identité de notre pays* ». C'est inepte mais ça sonne bien. Tout est mis en œuvre pour créer une empathie entre l'orateur et les auditeurs : « *Cela peut paraître un paradoxe aux non initiés* [on a oublié Neuilly] : *sans la chasse, la France ne serait pas aussi giboyeuse (…) le grand gibier prolifère grâce à l'action concertée des chasseurs.* » Mais il faut toujours parler de l'avenir : « *Mon ambition est aujourd'hui de retrouver du petit gi-*

bier dans nos campagnes. *Nous y réussirons, là aussi, grâce aux chasseurs (…) avec les agriculteurs et les forestiers* ». Au passage, un petit mot gentil pour les paysans et l'ONF, ça ne peut pas faire de mal mais surtout cela révèle qu'un conseiller initié, lui, connaît la mystérieuse et ténébreuse entente entre l'ONF et les chasseurs.

« *Je ne serai pas le président des mesures vexatoires. Vous avez connu les Gouvernements du « **mercredi sans chasse** ».* Alors, Maxime Gremetz-Nicolas Sarkozy, même combat ? « *Vous avez connu les Gouvernements du dédain et de l'ignorance, au mieux de la condescendance* ». On se demande à quoi il pense, mais, fin psychologue, il sait que les chasseurs se sentent mal aimés et qu'il faut donc les valoriser.

Le candidat n'oublie jamais qu'il faut partir des réalités, du moins de le dire.

« *Les chasseurs ont une vraie connaissance des espèces et des milieux. Ils ont été les premiers à s'intéresser à la préservation des habitats (…). Les chasseurs sont les vigiles de la grippe aviaire. Les chasseurs défendent une éthique de responsabilité et le souhait de chasser durablement* ». Pourquoi préciser « durablement », sinon parce que le mot est à la mode : on ne voit pas les chasseurs souhaiter autre chose. Puis l'orateur rappelle les bienfaits de la droite : abrogation du mercredi sans chasse, simplification du droit de chasse, solution du problème de la chasse au gibier d'eau.

Tout va bien pour les chasseurs : « *Nous avons des atouts : l'ONCFS, des fédérations structurés, une chasse bénévole et **démocratique**, des structure **scientifiques de gestion** (…). Je tiens à cette chasse qui rassemble au-delà des conditions sociales. Je tiens à une chasse rajeunie et pourquoi pas féminisée* ». Ce dernier mot n'est pas très adroit (mais on a dû oublier de le lui dire) parce que nombre de chasseurs croient prouver leur virilité en tuant et parce qu'une journée de chasse, c'est une journée entre hommes avec bon casse-croûte et bon vin, loin des récriminations et de la sensiblerie ridicule de bobonne. Mais il ne faut jamais oublier la parité.

Toujours pour être dans l'air du temps, N. Sarkozy se lance dans une vibrante défense de la biodiversité qui a un côté très nunuche : «*je souhaite (…) recréer une biodiversité quotidienne* (?) *avec le souci de repeupler nos campagnes de lièvres, de lapins, de perdrix ou encore de cailles* ». On a dû lui expliquer que, contrairement au grand gibier, le petit se portait plutôt mal. Mais que répondrait-il si on lui demandait comment il compte s'y prendre ?

Ensuite pleuvent les banalités et les répétitions : « *La limite à l'activité de la chasse est de ne pas porter atteinte à la survie des espèces. C'est à **l'écologie scientifique** de fixer cette limite. La politique de la chasse est d'abord une politique d'entretien et de **gestion** des espaces (…). C'est une politique humaine* (?) *qui part du constat que **sans l'intervention de l'homme, la nature décline** ».* On retrouve, avec l'écologie scientifique, l'obsession scientiste de l'amateur des tests ADN et son goût pour les constats mal établis ou carrément faux : il semble bien que ce soit l'homme qui détruit la nature qui se porte très bien sans lui et n'a pas besoin d'être gérée par lui, même si c'est « *au niveau départemental* ».

De même que l'écologie, « *une chasse responsable doit être scientifique* » ce qui veut dire, pour N.Sarkozy, qu'on doit mettre en œuvre une gestion scientifique des oiseaux migrateurs, qui sera la mission des experts. Cela laisse rêveur … Tout comme ce qui suit : « *Je souhaite, comme vous, que nous ayons une parfaite connaissance de l'état de chaque espèce pour éviter sa prolifération ou que sa reproduction ne porte atteinte à d'autres espèces* ». Au fait, à quoi pense-t-il quand il dit ceci ? Aux nuisibles ?

Après avoir appelé de ses vœux, pour ceux qui veulent quitter la ville et s'installer à la campagne, « *des activités rurales, conviviales, et populaires dont la chasse fait partie* », il conclut par un salmigondis emphatique : « *Il faut avoir le courage (?) de relever le défi de la biodiversité (…). La chasse a toujours fait vivre nos campagnes.* **La chasse s'inscrit dans l'histoire de France.** *La chasse est nécessaire à l'équilibre écologique. Et les chasseurs sont des amoureux de la nature qui ne craignent ni le froid, ni la pluie, ni les efforts* ». On a envie d'ajouter « et qui se lèvent tôt ». Fermez le ban. Dans ces derniers mots l'auditoire aura reconnu toutes les formules qu'il se plait à ressasser, il n'aura sans doute pas compris l'inscription de la chasse dans l'histoire de France mais il aura été flatté de savoir qu'un gestionnaire n'est pas un être froid mais un être sensible, endurant et courageux. Un preux chevalier servant de la nature et ancré dans la modernité.

Quelques petites dissonances

Naturellement, comme toute pensée unique, cette idéologie rencontre quelques rares obstacles à cause de ses incohérences, parce qu'il reste heureusement encore de rares individus qui usent de leur libre examen et parce qu'elle pousse tout de même le bouchon trop loin.

Certains se contentent d'émettre de timides réserves. Ainsi, alors même que le Parc naturel des Cévennes a autorisé la chasse dès sa création et adhère très largement à l'idéologie, son attitude est assez modérée. Si ses responsables commencent par affirmer que « *S'il y a quelque chose de vivant en Cévennes, c'est bien la chasse ! La chasse est une partie de l'identité cévenole, caussenarde ou lozerote »*, c'est pour ajouter une évidence : « *le Parc veut une faune abondante dans un milieu équilibré* » et une réflexion de simple bon sens mais qui est une petite pique contre les chasseurs : « *Cette faune est un bien commun qui n'appartient à personne : ni à l'Etat, ni aux propriétaires du sol, ni aux chasseurs, ni aux écolos. La mission du Parc consiste à la gérer non pas « pour » les chasseurs mais « avec » eux* »[129]. Nous accordons que ce n'est pas bien méchant, moins que ce qu'écrit la co-fondatrice d'Aves France : « *La forêt de Tronçais* [Allier] *est surexploitée et mal gérée, le modèle français est à revoir...* ». Suit une accusation dans les règles de l'ONF qui met en danger des arbres âgés de 170 à 225 ans par une « *gestion quelque peu anarchique et réalisée en dépit du bon sens* » et qui considère « *le cerf comme chair à canon* ». Car la chasse rapporte beaucoup d'argent au seul gestionnaire de cette activité à Tronçais, l'ONF qui est accusé de ne rechercher que des conditions économiques satisfaisantes, exerçant pour cela une emprise totale sur la gestion de la chasse, favorisant ce qui est le plus rentable, le tir des magnifiques cerfs matures (à cause du trophée et de la taxe de tir) qu'on ne rencontre plus que très rarement dans la forêt. Des gens qui aiment leur forêt et ses animaux, ça existe encore !

La SEPANSO[130] qui regroupe des chasseurs et des non chasseurs voudrait qu'on fasse preuve de réflexion et de prévoyance. Elle commence par dire nettement quelque chose que tout le monde ou presque tait : « *Dans certaines régions la pression humaine a été si forte que des espèces ont disparu* ». Et d'ajouter que, dans le meilleur des cas, après avoir détruit une espèce, on procède à de véritables

---

129. http://www.pnc.fr/LeParc/Actions/Chasse
130. Fédération régionale des associations de protection de la nature du sud-ouest. Maison de la nature et de l'environnement, 1 et 3 rue de Tauzia, Bordeaux.

« réintroductions » (d'animaux capturés là où il y en a puis relâchés), et dans le pire, on ne fait rien ou on tente de compenser artificiellement la raréfaction du gibier « *par des repeuplements à base d'animaux d'élevage (qui contribuent souvent à accélérer le déclin des souches sauvages reliques, par concurrence directe ou par pollution génétique* ». Et de préconiser une « *gestion prudente* », ce qui lui a valu de passer à tort comme une association anti-chasse : « *La SEPANSO se trouve souvent en opposition avec le monde officiel de la chasse parce qu'elle estime que la faune sauvage n'est pas **inépuisable**, qu'elle n'est pas la seule propriété des chasseurs et que la pression cynégétique devrait rester proportionnelle à la richesse du milieu et à la productivité de celui-ci* ». Autant de point avec lesquels les chasseurs sont en complet désaccord, eux qui, par exemple, ne cessent hurler contre les dangers et les méfaits d'une surpopulation le plus souvent sortie de leur imagination et de leurs intérêts en tant que chasseurs. Ayant ainsi le cul entre deux chaises, La SEPANSO constate qu'il lui est très difficile de collaborer avec les chasseurs.

Le pot de terre et le pot de fer

Il y a quelques critiques isolées qui, sans émaner d'anti-chasseurs se contentent de constater qu'en fin de compte la sélection naturelle est plus efficace que la chasse (elle élimine les animaux malformés, vieux et malades par un mécanisme aveugle ce que le chasseur, avec sa lunette (en particulier lorsqu'il pratique la chasse de nuit) est incapable de faire ; en outre, les pauvres renards ne se régalent pas toute l'année d'œufs de cailles ou de perdrix, ils se nourrissent surtout de souris, de mulots et autres campagnols dont l'homme ne s'occupe pas et qui ne sont pas ce qu'il y a de mieux pour les agriculteurs ; etc.

Les attaques sérieuses viennent d'abord de certains passionnés du Parc National des Pyrénées qui a sans doute évité la disparition de l'isard dans les années 60. Ce Parc (47 700 hectares) a été créé en 1967 sur les réserves du Pic du Midi d'Ossau et de Vignemale, et son organisation est fort originale : il est constitué de trois zones bien distinctes. Le cœur est une réserve intégrale, zone interdite au public et entièrement consacrée aux études scientifiques[131]. La zone dite centrale connaît une réglementation assez stricte, c'est, en fait le Parc proprement dit, consacré à la protection du patrimoine naturel où se pratiquent des activités agro-pastorales et forestières. C'est là aussi que règne la guerre Picrocoline entre pro-ours et anti-ours (mais ce n'est pas notre problème). L'accès au public est libre mais sont strictement interdits les chiens, les engins motorisés, le camping, le feu, tous les sports aériens et surtout les armes **car tous les animaux sont protégés**. Ce qu'on appelle la zone périphérique (qui ne fait pas partie à proprement parler du parc) sert, si on peut dire, de transition mais est tout de même règlementée.

Un certain nombre d'habitants du Parc ont créé sur internet un forum[132] de discussion où on trouve bien des choses intéressantes sans doute parce que l'ONF ne semble pas avoir une grande influence et que ces béarnais ne s'en laissent pas compter. Ils pensent par exemple que « *c'est en grande partie grâce au parc national et autres réserves qui assurent un* **sanctuaire** *aux espèces sauvages* » que le nombre d'isards a augmenté depuis

---

131. Cela n'existe que dans la partie occidentale du Parc.
132. http://www.ossau.net

quelques dizaines d'années. Mais ils sont méfiants : « ***Tant que ces réserves seront respectées*** », il n'y a pas lieu de s'inquiéter dit l'un d'eux. Cette formule fait penser qu'ils sont au courant des menaces qui pèsent sur les réserves. Mais tous ne sont pas aussi optimistes. Un autre dit carrément que « *tout le monde sait que la population des isards est actuellement décimée (et je pèse mes mots) par deux graves maladies, la pestivirose et l'ehrlichiose* » et il se demande s'il n'aurait pas été plus sage d'annuler purement et simplement la chasse. Il ajoute une précision fielleuse : « *Dans les Hautes-Pyrénées, c'est la fédération de chasse qui a commandé des études sur le fléau* ». Car il est loin d'être naïf puisqu'il conclut : « *Encore une fois, l'on voit à travers cet exemple parmi d'autres que les chasseurs font souvent preuve de bonne volonté,* **une bonne volonté de façade**, *mais qu'intrinsèquement ils ne mesurent pas les conséquences possibles de leur activité sur la faune pyrénéenne. Je pense qu'ils vont là encore privilégier leur plaisir au détriment de la sauvegarde d'un véritable emblème des Pyrénées. On évalue entre 8000 et 9000 la population des isards des Hautes-Pyrénées, mais combien seront-ils dans quelques années ? Entre les chasseurs affamés et les maladies, pas très nombreux sans doute* ». On trouve aussi cette simple remarque : « *L'isard est considéré comme une espèce à gérer ...* » ou encore : « *On voit bien que quand on intervient sur une population d'animaux sauvages, on crée des déséquilibres : réserve intégrale d'un côté et zones pratiquement vides d'isards autour.* » Et aussi ce cri du cœur : « *Mais ils n'y connaissent rien ces gens de l'ONCFS !* ». Un peu d'esprit critique oxygène les méninges. Malheureusement, ce forum est très confidentiel et on y discute surtout de l'ours.

L'attaque la plus nette, la plus franche et la plus cohérente contre la chasse est celle du Rassemblement Anti

Chasse qui ose poser une question toute simple : **la chasse en France est-elle *indispensable* pour assurer la régulation de certaines espèces, l'équilibre des écosystèmes, le développement durable ? La chasse a-t-elle pour but d'assurer le bien commun ?**

La question est d'importance parce que les chasseurs et l'ONF prétendent que, loin d'être un loisir barbare et une source de profit, la chasse est, non seulement utile mais indispensable, qu'elle assure, de façon désintéressée, le bien des hommes, de la faune et de la flore, que les chasseurs et les défenseurs de la nature mènent un même combat.

La réponse peut s'appuyer sur l'observation : « *Les réserves intégrales de nos parcs nationaux donnent un début de réponse : là où il n'y a pas de chasse, et la faune et la flore se portent très bien.* » Nous avons pris deux exemples purs pour illustrer ce point : la Réserve d'isards d'Orlu et la zone centrale du Parc National des Pyrénées, deux réserves totalement protégées, où toute chasse est strictement interdite. L'ONCFS qui n'a pas à établir des plans de chasse, à marchander avec les chasseurs, qui n'a pas à gérer en cherchant sans cesse de nouvelles ressources propres, l'ONCFS donc, à qui on n'a confié que des activités de recherche et d'observation, ne signale ni pullulations, ni épidémies particulières, ni dégénérescence des espèces, ni espèces menacées, ni milieux naturels dévastés.

On dira que ce sont là des réserves donc des créations humaines. Mais que dire du Canton de Genève et de l'île Tilos en Grèce où la chasse a été abolie (en 1974 pour Genève) ? Le R.A.C. signale qu'en 1974 les habitants de Genève étaient plutôt hostile à cette initiative parce que « *Certaines opinions extrêmes soutenaient la thèse d'une* **catastrophe écologique** *par manque d'équilibre entre espèces (c'est aujourd'hui à peu de choses près ce que pré-*

tendent les chasseurs en France...). Ces prédictions ont été démenties. Après plus de 30 ans sans chasse « *la commission de la faune constate les faits suivants : 1) Genève est devenue une zone importante de biotopes d'une richesse exceptionnelle ; 2) Une nouvelle faune s'est installée dans le canton (...) ; 3) Tous les habitants peuvent se rendre dans les espaces naturels sans restriction.* » Et ils se réjouissent de pouvoir observer les oiseaux, les lièvres, les lapins, les chevreuils, les cerfs et les sangliers qui tous se portent bien et se développent. Le bilan est plutôt positif, non ? Le seul point négatif est le trop grand nombre de sangliers : « *Les sangliers agrainés de Savoie et de Gex, en France, traversent la frontière et viennent se nourrir de maïs et des vignes. Mais leur prolifération est le fait de la politique française de la chasse et non d'une reproduction naturelle* ». Pour remédier à ce problème, les agriculteurs sont indemnisés par le Canton et deux ou trois battues au sanglier sont organisées par le Canton et confiées non à des chasseurs mais à des fonctionnaires rémunérés pour cela.

La conclusion du R.A.C. ne surprendra personne : « *Le choix (...) du canton de Genève* [montre] *que la tendance qu'a l'homme « moderne » de vouloir tout contrôler , y compris la nature, n'a aucune justification raisonnée et n'aboutit qu'à des catastrophes. Ainsi le chasseur qui, dans un besoin jamais rassasié de tuer* **pour le plaisir**, *rompt les équilibres de la faune et de la flore et dégénère les espèces par l'introduction irraisonnée, à but exclusivement lucratif, de cibles d'élevage* ».

Le R.A.C. est une association de protection des animaux, une autre association, écologiste[133], elle, la Conven-

---

133. Tous les écologistes ne sont pas hostiles aux chasseurs, ne l'oublions pas !

tion Vie et Nature Pour une Ecologie Radicale, a des revendications très proche : elle demande d'abord tout simplement l'abolition totale de la chasse en France et en Europe. Non seulement c'est possible et ne causerait aucun dommage, dit-elle, mais en plus, cela n'aurait que des conséquences bénéfiques sur la nature comme sur la société. Leur réponse à l'argument tellement employé de la prolifération est simple et de bon goût : les animaux sauvages ne se multiplient « *qu'en fonction des ressources du territoire* ». Ils disent cela à propose des carnivores, mais cela vaut pour toutes les espèces : c'est un des principes du darwinisme. On traite toujours les écolos de doux rêveurs. Ils ne le sont pas tant que cela : ils ont bien conscience que rien ne se fait en un jour et qu'il faudra, à cause de la politique actuelle de la chasse s'occuper encore un certain temps de la régulation mais ils demandent que celle-ci soit confiée à des gardes et non à des chasseurs qui ne recherchent que le plaisir de tuer.

Ils ajoutent que la chasse est interdite dans le canton de Genève, qu'elle est marginale aux Pays-Bas et qu'on peut constater qu'aucun déséquilibre n'en résulte.

Ainsi, la nature pourrait retrouver son équilibre et la société y gagnerait aussi : la disparition de vente d'armes, la confiscation des fusils permettraient de se promener sereinement dans une forêt où il n'y aurait plus d'accidents de chasse. Ils ajoutent un argument original : « *Cette interdiction représenterait encore et surtout un progrès moral dans la mesure où elle proscrirait les pratiques violentes et le goût de tuer. L'abolition des jeux de cirque ou de la peine de mort apparaît aujourd'hui comme un progrès. L'abolition des corridas, des combats de chiens ou de coqs le serait aussi. Pourquoi l'abolition de la chasse ne le serait-elle pas ?* »[134].

134.. http://www.ecologie-radicale.org.

Tout cela est bel et bon mais le combat est trop inégal. Il n'y a qu'une poignée de militants anti-chasse en France parce que tout le monde est gorgé d'idéologie. Et il ne faut pas compter sur ces élites qui décident, que ce soit en France ou au Parlement Européen et qui ne souhaitent qu'une chose, conserver leur fromage. Alors, pensez, si on mécontentait tous ces chasseurs ! En ce moment même, après le Grenelle de l'environnement, le sénateur Poniatowski propose une nouvelle loi sur la chasse nous dit l'Association pour une Ecologie radicale dont trois points méritent d'être relevés : il demande qu'on diminue le coût du permis de chasse pour les mineurs (pour enrayer la baisse du nombre des chasseurs), qu'on oblige les propriétaires fonciers à faire réaliser des plans de tir sur leur terrain et, pour finir qu'on augmente les taxes sur les cigarettes pour financer l'ONCFS ! Il s'agit bien d'un combat inégal: d'un côté, quelques associations anti-chasse comme le R.A.C. ou la Ligue Roc[135]., certaines organisations écologistes, pas toutes, loin de là puisque, comme nous l'avons vu, l'idéologie a réussi à persuader à peu près tout le monde que la chasse et l'écologie menaient un combat commun et que leur alliance nécessaire avait pour but le bien de tous et permettait le fameux " développement durable " de la forêt et de la faune, en face, le lobby des chasseurs fermement appuyé par l'ONF donc par l'Etat. L'Europe s'en mêle aussi et nos députés écologistes européens ont de grandes affinités avec les chasseurs, quand ce n'est pas plus, puisque la France est le pays le plus laxiste en matière de législation cynégétique (autorisation de la

---

135. C'est sous le nom de R.O.C. (Rssemblement des Opposants à la Chasse) que cette association a été créée. De 1982 à 2000, elle fut présidée par le Professeur Théodore Monod. Hubert Reeves qui lui a succédé a demandé à ce que le nom de l'association soit changé en celui de Ligue Roc pour la préservation de la faune sauvage et la défense des non chasseurs.

chasse de nuit, très longues périodes de chasse, spécialement pour les oiseaux migrateurs, etc.).

Pour prendre une juste mesure de cet inégal combat perdu d'avance, il suffit d'un tout petit peu de mémoire : lors de la campagne présidentielle, tout le monde a caressé les chasseurs dans le sens du poil (il n'est pas besoin de faire un dessin). On a fait beaucoup de tapage autour du Grenelle de l'environnement. On y a parlé de tas de choses mais très très peu de chasse et rien de nouveau ou d'important n'a été dit sur le sujet qui, visiblement, n'intéresse personne. La chasse dépendait[136] du Ministère de l'Agriculture et de la Pêche et Michel Barnier vient de confier une Mission gouvernementale à Frédéric Nihous (nous savons bien ce qu'il faut penser de ces « mission »). L'essentiel de cette lettre de mission est consacré à l'agriculture mais il y a une phrase qui donne une idée de la position actuelle du gouvernement : « *de nombreuses autres activités comme les activités cynégétiques (…), recèlent un réel potentiel de développement insuffisamment connu et valorisé* » ; cela se passe de commentaires.

On dira que les Français ne devraient pas être très favorables à une promotion de la chasse parce que, c'est bien connu, ils adorent les animaux. Mais pas n'importe lesquels. Ils n'aiment que les animaux domestiques et dépensent des fortunes en Fido et autres Kitecat. Les animaux sauvages, ils les ignorent tout simplement, sauf si ces derniers les gênent (ou si on leur dit qu'ils gênent). Ainsi, on entend dire partout qu'il y a trop de sangliers, que les battues sont indispensables, tout ça parce qu'un sanglier a eu l'impudence de pénétrer dans le jardin d'une villa ! Pensez, quel scandale ! Et la propriété privée alors ? On peut entendre des choses sidérantes à la radio. Une

---

[136] Actuellement, la chasse dépend du Ministère de l'Ecologie, de l'Energie, du Développement Durable et de l'Aménagement du Territoire (MEDDAT)

auditrice de RMC demandait l'autre jour comment débarrasser son jardin ... des lézards. Jean-Jacques Bourdin a mis quelques secondes à comprendre la question. Il s'est fait un devoir de rappeler à la dame que les lézards étaient une espèce protégée, donc attention à l'amende, puis il a expliqué que ces petites bestioles étaient fort utiles dans un jardin parce qu'elles se nourrissent d'insectes indésirables; puis, comme il faut que le client soit content, il a donné ce conseil hautement original: éviter les rocailles au soleil, par exemple. La dame anti-lézards devait confondre avec les crocodiles pensons-nous. On ne peut pas dire non plus que les gens protestent vraiment contre le massacre des bébés phoques, sauf lorsque Paul McCartney passe à la télé[137], ni que le sort des requins à qui on coupe les aillerons avant de les rejeter vivants à la flotte les émeuvent un tant soit peu (normal, les poissons ne crient pas).

Nous devrions, évidemment, éviter de dire de telles choses : à coup sûr de petits malins vont sauter sur l'occasion pour dire que nous sommes des sous-marins du F.N. à cause de B.B. Personne n'ose le dire du sympathique Macca parce qu'il est pacifiste militant, est l'auteur avec John Lennon de *Blackbird* et porte, en concert, des T-shirts fuchsias décorés de slogans qui dénoncent les bombes anti-personnes[138] Et puis, on ne dit pas de mal de Sir Paul, parce qu'il est anglais et très très riche. Et puis

---

137. Nous ne voulons pas du tout critiquer Paul McCartney. Au contraire, nous saluons le courage dont il fait preuve lorsqu'il défend ses convictions.

138. Cette expression est volontaire. Nous savons que l'usage, depuis un certain temps, est de dire en français « bombes anti-personnel ». Mais ce vocable confus sert à masquer en partie l'horreur de la réalité : les tristement célèbres bombes à billes utilisées au Viet-Nam avaient été mises au point par une brochette de Prix Nobel Américains à qui le Pentagone avait confié comme mission de mettre au point une arme qui n'endommage pas le matériel (les chars US) et qui soit aussi meurtrière pour les personnes que l'arme atomique.

c'est un artiste, donc un original. D'autres ne manqueront pas de dire que nous sommes des écolos planqués, oubliant tout ce que nous avons dit sur Dame Nature qui ne fait pas toujours bien les choses. Enfin, les plus tordus (ceux qui ont eu vent de notre amitié avec Louis Althusser) nous taxeront sans doute d'anti-humanisme: au lieu de dénoncer les chasseurs et l'ONF et de plaider la cause des animaux sauvages (oubliant notre prudence délibérée sur le problème loups-ours et ne retenant que nos accusations d'hypocrisie chez les défenseurs du pastoralisme) nous ferions mieux de nous occuper des hommes, des massacres, de la famine, des S.D.F., des malheurs et des souffrances de la pauvre humanité. Nous ne saurions récuser avec assez de force une telle accusation. Nous ne confondons nullement les animaux et les hommes et nous sommes absolument révoltés par l'idée même qu'il pourrait exister des « droits des animaux » (cette idée est une invention d'Hitler). Sur ce point, nous sommes strictement kantiens. Seul l'homme a des droits parce que seul il est libre et ne doit jamais être traité uniquement comme un moyen. Si l'homme peut se servir des animaux comme de moyens, pour se nourrir, par exemple, il doit éviter toute forme de cruauté. Nous ne sommes pas végétariens mais nous pensons que la chasse, devenue loisir, est une forme de barbarie : on tue alors pour le plaisir ce qui n'est pas digne de l'homme civilisé ; nous dirions la même chose de la corrida, des combats de coqs et autres pratiques de la même farine. Nous sommes des humanistes et les animaux sauvages nous intéressent beaucoup. Nous avons bien le droit de défendre l'un de nos loisirs préférés, même s'il n'a rien à voir avec un problème fondamental.

CONCLUSION

Observer, photographier ou filmer des animaux est donc l'un de nos loisirs.

Le loisir est, par définition, désintéressé. Les Grecs puis les Romains, en faisaient pour cela le passe-temps de l'homme libre, à la différence de la recherche du profit qui, selon eux, rendait, paradoxalement, dépendant. Du moins s'agit-il du sens véritable du mot. A ce jour on ne conçoit de loisirs, au pluriel, que sous les eaux glacées du calcul économique : on s'équipe chez Décathlon, on est convoyé par FRAM qui s'occupe de tout, on voit ce que recommande le syndicat d'initiative. Bref, les loisirs sont de plus en plus un marché et de moins en moins une source d'émancipation.

Nous n'avons, en principe, rien à redire à ce fait de société : comme on dit, pour rendre les loisirs de Monsieur tout le monde plus intelligents ou plus raffinés et surtout plus formateurs, il faudrait, comme pour toute ambition de ce genre, abandonner le capitalisme, ce qui n'est pas pour tout de suite et rendre à l'école sa mission, ce qui n'est guère la tendance ; et d'ailleurs, l'obsession de rendre les gens meilleurs ou plus vertueux est-elle un **but** acceptable ou même avouable ? Un bon nombre de Français (d'Allemands, de Japonais et bientôt de Chinois) est prêt à donner une partie de son argent à Décathlon ou à FRAM : cela s'appelle la demande ; Décathlon et FRAM fournissent ce que demande la demande : cela s'appelle l'offre. L'une et l'autre sont unies dans la loi qui porte leur nom, loi par plaisanterie, comme celle du plus fort (avec laquelle elle n'est pas sans rapport) qui ne signifie rien d'autre que ceci : le consommateur consomme ce que le vendeur vend et réciproquement. Que dire là contre ?

Rien, si ce n'est cette petite chose : on peut se résigner au marché, mais peut-on accepter que celui-ci s'étende à tout et accepter comme maxime unique celle d'un personnage claudélien : « tout vaut tant » ? ou répondre sans hésitation affirmativement à la question posée aux candidats au bac il y a quelques années « tout peut-il s'acheter ? » (ou se vendre).

Il y a, en principe, un frein à cette fureur mercantile : l'Etat. Contrairement au préjugé actuel, l'Etat n'est pas, dans son essence, oppressif : sa mission est de corriger la sauvagerie du marché. Il n'existe pas, à notre connaissance, de nation moderne qui confie sa défense, sa police ou sa justice à des entreprises privées. Cela a pu se faire, et risque de se revoir, mais avec les dangers qu'on imagine.

Or, l'Etat est aujourd'hui inexistant et, de plus en plus, sous influence : il privatise ses entreprises au mépris du surcoût pour l'usager qui devient simple client, et s'en remet pour la gestion de son patrimoine à des organismes bâtards (au statut difficile à définir). Tel l'ONF, gestionnaire et fier de l'être, qui, sous le manteau de l'écologie, gère le domaine public selon la logique du profit maximum. Dès lors tout vaut tant et tout peut s'acheter (et se vendre) ; la tête du cerf (pardon, le trophée) est mise à prix au sens strict du terme. Peu importe que le vendeur ait, en principe, pour devoir de conserver cette tête ; peu importe que s'impose à lui, par simple dignité, le devoir encore commun à tous les hommes celui-là, de ne pas tuer sans nécessité : du moment que ça rapporte !

On nous objectera que nous n'avons pas compétence pour parler de ces questions.

Disons tout de suite ce que recouvrent ces « questions ». S'il s'agit de compétences cynégétiques, hospitalières, communicatives ou gestionnaires, nous voulons bien ne pas en détenir (ni en acquérir), sans être bien certains d'ailleurs que l'ONF en ait : mettons que la chasse soit bien organisée, le guide sympa et le client heureux : nous sommes bons princes en cela : il y a apparence que le remue-ménage et la pétarade ont vite fait de faire fuir ou déménager le précieux gibier, source « d'appréciables ressources ». Si tel est le cas, la consolation pour le gibier est mince mais c'en est une : ce que des cuistres appelleraient autorégulation a peut-être tôt fait de faire cesser la pratique par la dispersion et la disparition de son objet. Quand à nous, nous sommes les dindons de la farce, puisque, sans y être pour rien et malgré beaucoup d'efforts nous ne pouvons plus observer des bêtes qu'une institution intéressée et un client paresseux ont ... chassées. Que le premier et le second finissent par en être frustrés aussi nous fait une belle jambe. Même chose pour le rééquilibrage du système « agropastoral » à coup de loyers minables : si l'éleveur perd ses moutons (ou ceux de son employeur) et si le peu qu'on retirait de lui pour des dégâts non négligeables est perdu pour l'ONF (ce que nous avons constaté), le vagabondage ovin et le vacarme orocynique nous auront aussi (et surtout) gâché, à nous, notre hobby, innocent et désintéressé, lui. Mais qu'à cela ne tienne : nous admettons, complaisance splendide, que l'ONF est un gestionnaire hors pair et que ce qu'il fait, est fait pour le mieux.

Car cela ne fait rien à l'affaire : que ce soit bien fait, si tant est que cela le soit, ne prouve pas et ne prouvera jamais qu'il fallait le faire. Sinon il faudrait admettre que l'opération « tempête du désert » (si joliment nommée) était, parce que menée à bien, légitime.

Comme on ne pourra jamais prouver que la « chasse guidée » ne dérange aucunement les animaux, malgré tous les sophismes de l'ONF, qu'elle a un effet bénéfique sur leur repeuplement et la conservation de l'espèce, une conclusion simple s'impose: l'ONF ne saurait par là même prouver qu'il a géré au mieux (sauf bien sûr d'un point de vue purement gestionnaire et sur la base des loyers encaissés, toujours à supposer la gestion bénéficiaire). Pour l'isard ou le chevreuil prélevé, c'est au pire, pour l'espèce aussi et *itou* pour l'agrément et la curiosité de l'observateur ou du simple promeneur (si celui-ci ne confond pas balade et marche forcée).

L'ONF, en gestionnaire, au sens strictement commercial, fait de la gestion une fin en soi, ou ce qui revient au même, la rapporte à un but unique : faire du fric (si on peut dire, à n'importe quel prix). On pourrait lui en donner un tout autre (mais ce serait encore de la gestion) : la préservation ou conservation de la nature, qui suppose à tout le moins de ne pas la détruire, même en partie. La Fontaine était Conservateur des Eaux et Forêts. Rien à voir avec l'ONF.

Celui-ci dira que consentir à des sacrifices peut, paradoxalement, vivifier l'espèce. Ne taille-t-on pas les arbres ? Ne pratique-t-on pas des coupes sombres et même claires ?

Voilà un sophisme de plus : l'ONF ne tue pas que les animaux malades ou susceptibles de provoquer une épizootie. Si tel était le cas, personne n'aurait rien à y redire et l'ONF n'aurait pas besoin de l'argument économique « qui rapporte de précieuses... ». A preuve : le tir d'un animal malade est offert gracieusement à qui a bien casqué pour en abattre un parfaitement sain.

Nous voici au nœud du problème : ou bien l'ONF sait ce qu'il fait, le fait et le fait bien, ou bien L'ONF maquille son appétit de ressources propres en science.

C'est la deuxième hypothèse qui est la vraie. Voici pourquoi.

D'abord l'ONF ne détient aucune science. Osons ici nous référer à Aristote : le philosophe nous dit qu'il n'y a de science que de ce qui ne peut être autrement qu'il est. Par exemple, tout corps est soumis au principe d'inertie. Inversement, la technique et l'action morale portent sur ce qui pourrait être autrement : je peux percer trois fenêtres sur la façade de ma maison, ou deux ou n'en percer aucune ; je peux aider les nécessiteux ou non selon l'idée que je me fais de mon devoir ou l'ignorance que j'en ai. En outre, et cela revient en fait au même, la science se contente de dire ce qui est (elle est contemplative) alors que la technique cherche à produire un effet et que la morale consiste à agir : Newton savait que les marées avaient pour cause l'attraction lunaire (il n'y pouvait rien, nous non plus) ; inversement, on peut écrire de gauche à droite ou le contraire et il y a mille moyens de faire le bien autour de soi et de ne pas le faire. Cela n'empêche pas, bien sûr, que certaines techniques soient préférables à d'autres et que certaines règles morales finissent par s'imposer. Mais, là où la science est objective et indiscutable, on peut toujours améliorer une technique ou en changer et se perfectionner dans le bien (ou non).

Or, l'ONF fait et agit, ce qu'on ne saurait en soi lui reprocher : son devoir de préserver la nature et les techniques pour y parvenir (reboisements comme coupes sombres ou claires) ne font pas discussion en eux-mêmes. Ce qui pose problème, ce sont ses choix (qui pourraient être autres comme on l'a vu) et le parti de les masquer sous une fausse science qui crie son hypocrisie.

L'ONF pourrait choisir de laisser la forêt et les montagnes à leurs habitants naturels au lieu de se faire agent immobilier, il pourrait aussi vouloir qu'il y ait pour cela des réserves où on ne les tue pas avec la bénédiction d'un de ses gardes. Voilà pour les choix et la déontologie ; il pourrait aussi se contenter de bonnes vieilles techniques ancestrales, perfectionnées par l'âge moderne au besoin, pour parvenir à ces nobles fins au lieu de ne connaître de technique que de vent.

Mais il pourrait aussi nous épargner sa propagande pseudo-scientifique : éviter de seriner que tuer repeuple, sans le dire comme ça évidemment. La pseudoscience se reconnaît au style et celle de l'ONF ne manque pas à la règle. Les vocables pompeux et moliéresques ne doivent pas nous tromper : on les prendrait volontiers pour des euphémismes ; ce sont bien des euphémismes en général mais ils ne sont pas que cela. Surtout, ne dites pas tuer, dites prélever. Ah qu'en termes galants... Attention cependant : prélever pue son économie et sa gestion, ce qui pour un euphémisme ... Mais surtout il laisse entendre qu'il y a un taux de prélèvement acceptable au-delà duquel on compromettrait la survie de l'espèce et, ma foi, en-deçà duquel, on arriverait peut-être au même résultat étant entendu que ledit taux est scientifiquement déterminable et déterminé par ...l'ONF, sans qu'on ait en vue, pour le fixer les fameuses « appréciables ressources ». L'ONF sait ce qu'il faut prélever ; cela ne se discute pas plus que 2 et 2 font 4.

Le lecteur aura peut-être senti que nous soulevons ici un problème politique fondamental. Nous prenons politique dans son sens authentique et non dans son sens petit-commercial de gestion du logo PS ou de la marque UMP. J-P. Chevènement avait bien résumé ce fléau des temps modernes, connu sous le nom de technocratie ou d'Eurocratie et que l'intéressé appelait aussi énarchie, par la formule ironique évidemment : il y a ceux qui savent et ceux qui suivent. Suivons l'ONF. Pour cela, encore faudrait-il qu'il y ait une science de la politique et, pour le cas qui nous occupe, de la gestion de la nature. Malgré les slogans de la seule politique possible dans le premier cas, et de la seule gestion possible dans le second, beaucoup de faits démentent cruellement cette idéologie : les 784 articles du machin giscardien sur l'Europe (dont on se passe très bien d'ailleurs) et les plans de chasse de l'ONF (à une échelle moins grandiose).

Il faut rappeler à ces usurpateurs que leur puissance occulte est, en droit, soumise à l'approbation citoyenne. C'est encore à Aristote, vrai naturaliste (donc homme de science et non promoteur de la nature, qui a donné son nom au grand cormoran, en voie d'être déclaré nuisible par les faux savants) que nous confierons ce rappel. Au livre III de *La politique*, il évalue les mérites comparés des différents régimes et opte, lui qu'on prend souvent pour un idolâtre du juste milieu, pour la démocratie, la vraie s'entend, pas l'énarchique ou l'ONFique. Voici ses arguments en résumé : le peuple, certes composé d'individus sans trop de finesse ni de moralité pris séparément, juge **collectivement** mieux que l'élite (ou la présumée élite). Telle est la thèse générale qu'il n'y a pas lieu d'édulcorer (même si elle a pu scandaliser jusqu'à notre époque). Mais Aristote ne s'arrête pas à une version revue et corrigée de *Vox populi, vox dei*, il soutient aussi que « dans certains domaines, ce n'est pas le réalisateur qui est le seul ni même le meilleur juge de ce dont ont à connaître aussi ceux qui n'y ont pas de compétence : par exemple, il n'appartient pas seulement de juger d'une maison à celui qui l'a faite et son usager, le père de famille en juge même mieux. »

Traduisons ou plutôt précisons et appliquons cette profonde pensée : le plombier français a aussi à connaître du plombier polonais que M. Bolkenstein ou encore le randonneur observateur parisien est peut-être mieux à même de connaître ce qui est bon pour l'isard que l'apparatchik ONF.

Table des matières

Introduction 7

Première partie 11
Paradise lost 11

Chapitre 1. 13
Pauvres de nous 13
Des isards sur un plateau 13
Il suffit de s'approcher… 15
Le kaïron 16
93 : l'année terrible 20
Des moutons et des hommes 21
Comme c'est curieux, comme c'est étrange et quelle coïncidence 22
Des isards sur un plateau (2) 24
Des moutons et des hommes (2) 25
Je suis patou 30
Ce qui est imprévu était-il imprévisible ? 32

Chapitre 2. 33
L'impensable sacrilège 33
Comme c'est curieux, comme c'est étrange et quelle coïncidence (2) 33
C'est alors que Google rentra dans la danse 36

Et le congélateur ? 39

Chapitre 3. 41
Suivez le guide 41
L'unité dans la diversité ou « tous les goûts sont dans la nature » 42
A chacun selon ses moyens 44
Variantes 46
Safaris en tous genres 47
Le prix de l'isard 51
La triche de l'école de chasse 52
On oublie toujours le congélateur 56

Deuxième partie *61*
La chouette de minerve prend son vol au crépuscule *61*

Chapitre 1 65
La vraie nature de l'ONF 65
La chasse scientifique 69
Sainte gestion 72
C'est un EPIC 73
Les ressources propres. 77
Et les ressources des autres 80
Chapitre 2 87
Langue de bois 87
Le rôle des chasseurs : protéger le gibier 89

La chasse est démocratique 94
La chasse est écologique 98
Tous les arguments sont bons : il y a trop d'isards ... 100
C'est certain : on les compte 101
On les compte partout 103
Les cervidés sont cause de nombreux dégâts en forêt 104
Ils sont dangereux ailleurs aussi 107
Mais on peut se passer d'arguments si on ne peut pas en trouver 107
Toujours plus … 109

Chapitre 3 111
Le monde à l'envers 111
On nous cache tout, on nous dit rien 111
Les cachotteries de l'ONF 113
Et les isards dans tout ça ? 117
J'ai des moutons en abondance 121
La justice immanente 124
Que vont-ils faire dans ces estives ? 128

Troisième partie 133
l'idéologie c'est de la colle 133
Chapitre 1 137
Les réserves nouvelles sont arrivées 137
Une révolution culturelle 138

Logique du sanctuaire ou logique de la gestion ? 140

Chapitre 2 147
La biodiversité, bonne à tout faire de l'idéologie..... 147
Les surprenants collabos de la biodiversité : la tempête de 1999 et les coupes rases … 147
… le pastoralisme … 151
… la chasse … 153
… à condition qu'elle soit adaptée 156
Haro sur les nuisibles.. 160
Le revers de la médaille.. 166

Chapitre 3 171
La dialectique maoïste du chasseur et de l'écolo.. 171
La dialectique suppose la gestion 177
Présomption de l'homme 177
Une stratégie perverse 179
L'idéologie au service de la démagogie ou Nicolas Sarkozy chassant sur les terres de Frédéric Nihous 180
Quelques petites dissonances 184
Le pot de terre et le pot de fer 186

Conclusion 197

L'HARMATTAN, ITALIA
Via Degli Artisti 15 ; 10124 Torino

L'HARMATTAN HONGRIE
Könyvesbolt ; Kossuth L. u. 14-16
1053 Budapest

L'HARMATTAN BURKINA FASO
Rue 15.167 Route du Pô Patte d'oie
12 BP 226
Ouagadougou 12
(00226) 76 59 79 86

ESPACE L'HARMATTAN KINSHASA
Faculté des Sciences Sociales,
Politiques et Administratives
BP243, KIN XI ; Université de Kinshasa

L'HARMATTAN GUINEE
Almamya Rue KA 028
En face du restaurant le cèdre
OKB agency BP 3470 Conakry
(00224) 60 20 85 08
harmattanguinee@yahoo.fr

L'HARMATTAN COTE D'IVOIRE
M. Etien N'dah Ahmon
Résidence Karl / cité des arts
Abidjan-Cocody 03 BP 1588 Abidjan 03
(00225) 05 77 87 31

L'HARMATTAN MAURITANIE
Espace El Kettab du livre francophone
N° 472 avenue Palais des Congrès
BP 316 Nouakchott
(00222) 63 25 980

L'HARMATTAN CAMEROUN
BP 11486
(00237) 458 67 00
(00237) 976 61 66

Achevé d'imprimer par Corlet Numérique - 14110 Condé-sur-Noireau
N° d'Imprimeur : 757977 - Octobre 2017 - Imprimé en France